56個做人最容易犯的錯誤

都是別人的錯？

正面思考：66

都是別人的錯？56個做人最容易犯的錯誤

編著　吳承州
出版者　大拓文化事業有限公司
責任編輯　施裕杰
美術編輯　姚恩涵

總經銷　永續圖書有限公司
劃撥帳號　18669219
地址　22103 新北市汐止區大同路三段一九十四號九樓之一
TEL　(〇二)八六四七—三六六三
FAX　(〇二)八六四七—三六六〇
E-mail　yungjiuh@ms45.hinet.net
網址　www.foreverbooks.com.tw

CVS代理　美璟文化有限公司
TEL　(〇二)二七二三—九九六八
FAX　(〇二)二七二三—九六六八

法律顧問　方圓法律事務所　涂成樞律師

出版日◇二〇一七年十月

國家圖書館出版品預行編目資料

都是別人的錯？56個做人最容易犯的錯誤 / 吳承州編著.
-- 初版. -- 新北市 : 大拓文化, 民106.10
面 ; 公分. -- (正面思考 ; 66)
ISBN 978-986-411-060-5(平裝)
1. 成功法　2. 生活指導
177.2　106014507

前言

做人是一門深奧的學問，也是一門高深的藝術。要如何成功做人？這是許多人內心非常渴望知道的。

在任何領域中，有成功者，也有失敗者。成功者有成功的祕訣，失敗者有失敗的教訓。很多人往往喜歡不自覺地去學習他人的成功經驗，而不太注意去吸取他人失敗的教訓。結果，雖然學到了別人成功的經驗，但是環境已變，人家成功的經驗往往已經不適合他們了。面對這種窘境，為何不去吸取他人失敗的教訓，避免他人犯的錯誤，進而去努力爭取成功呢？

人來到這個世界上，除了做人，就是做事，別無其他。而一個人遭到挫折和失敗，很多時候就是因為在做人上面犯下錯誤導致的。縱觀古往今來的一些成功者和失敗者的人生經歷可以發現：做人或做事往往只要犯下一點小錯誤就可能影響到了人生的成敗結果，而這些小錯誤可能只是習慣或者是以前就曾經發生過類似的錯誤。

一個人不善於做事，但是善於做人，尚可利用自己的人緣，借助他人的力量實現自己的某些理想而獲得成功；而不善於做人，即使做事能力再強，也會因他們犯的某些錯誤而難以獲得成功，甚至陷入困局之中。因此，要成功做人，要儘量避免人際關係中易犯的錯誤。

本書列舉了許多人常犯的錯誤事例，並加以深刻的分析，提出有效的解決方法和深刻的警惕，以供大家走最捷徑的成功之路

01 拒絕做老好人

絕不能一味兒地做老好人，因為當別人習慣了把替他做好事情當成應盡義務，假使達不到要求時，反而會面臨被興師問罪。

范范從小就受到父母的傳統教育，一心要做好人。在讀大學時，她經常主動承擔掃宿舍和掃教室的事情。但是，時間久了，沒人意識到她在做好事，都認為應該就是她的工作。這還算好，雖然有時做得不是很出色，但是沒有人去指責她；進入職場後，她還是這樣做老好人，但別人稍有不滿意就會指責她了。做好人沒好報，讓她覺得自己做人非常失敗，很痛苦。

進入公司以後，范范處處小心、事事謹慎，對每位同事都畢恭畢敬，不僅與別人有不快時主動退讓，還自動承擔公司裡面一些額外的工作，例如換水、拖地、列印等等。

一開始，大家對她主動幫忙做事情還存著一絲感激的心理。但是，後來就不把她當回事，經常隨意指使她，把一些工作中的責任推到她身上。

有一天，范范的一位同事急著交一份文件向上司。范范便主動去幫忙同事找資料。這位同事是靠關係進公司的，本身沒有什麼基本能力，遇到緊急要撰寫資料，自然感到很棘手，於是便乾脆讓范范來主筆，自己負責查資料。當局者變成局外者，這樣的幫忙一般很難找人幫。但是，范范卻毫不猶豫地幫了。

結果，這一份資料撰寫得令老闆大為不滿。在追究責任時，老闆也一味兒地批評范范不認真完成自己的工作，越庖代俎地亂寫一篇文章敷衍了事。

范范覺得很委屈，為什麼自己在公司盡職盡責地努力工作而且主動幫別人，最終卻要受到老闆的批評呢？她越想越氣憤。由於情緒不好，之後幫忙大家時，也經常讓人不滿意，讓大家抱怨、指責她。最終，她不得不辭職尋求解脫。

做自己分內的事情已經是一種長期的習慣，因此，在有人偶爾幫你做事情時，你很容易產生謝意，總覺得要說「謝謝」才顯得自己會做人。如果某人長期免費幫你做某一件事情，就容易形成一種「那就是他的工作，他的義務，他應該做的，而且也應該做好」的心理，覺得沒有必要去謝謝對方，在對方做得不盡人意時，還會去指責對方幾句……這是人的心理慣性所致的。因此，一味兒做老好人，無條件的對他人有求必應，並不意味著你做人成功。

范范把做自己分外的事情當成了習慣，應該說是現在難找的大好人。但事實上范范獲得他人認可的時間並不長。一兩次，大家還會感謝她幫忙，時間長了後，就會覺得幫他們是范范的職責以及義務，一次不幫忙就是危害了他們的利益，如果把事情搞砸了理所當然要替他們承擔責任。

這樣，范范做老好人做久了以後，就不知不覺地變成了所有責任的義務承擔人——責任她得負，功勞與她無緣。這一切，不僅加重了范范的負擔，還讓她面臨痛苦和迷惑。

在現實生活中，要想成功需要做好人，但是不能做像范范一樣的老好人，為別人無條件的承擔工作與責任，做得不好時還要面臨興師問罪。

自我成長

一個人要做好人，但要拒絕做老好人時，需要注意以下幾點：

1.做人要有原則：在生活中，沒有原則的人，談不上成功做人。因為做人沒原則則往往立場不堅定，容易陷入別人設置的困局中，容易被別人牽著鼻子走。做好人時也是如此。如果見別人要求幫什麼忙都毫不猶豫去幫的話，那麼必將因做好人而遇到麻煩，承受痛苦。

2.做好自己分內的事情：在社會裡，每一個人都扮演著一定的角色，承擔著一定的責任和義務。一個人要想做人成功，必須要立足於做自己分內的事情。如果自己分內的事情都做不好，去幫忙別人做事情，只會被別人誤認為是「好指使」，而導致別人指使你去做他們應該做的事情，承擔他們應該承擔的責任。

3.不要讓「做某種好事」成為你個人的責任：在很多集會場合，一些事情是由大家排班輪流去做的。如果你把做這些事情變成了自己的責任和義務，不僅奪走了

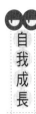

別人表現的機會，而且還容易讓人感覺到是你應該做的，在你做得讓他們不滿意時就應該指責你！

不要讓別人把你做好事看成是你的責任和義務。這樣，即使你不拿薪水，也會遭到一些人的苛責。

02 不找他人出氣，只鼓勵自己努力

嫉妒是一種對他人無可奈何而自己又無法擺脫痛苦的恨。嫉妒他人的人在製造他人痛苦時，自己也陷進了痛苦的泥潭，落下了個害人又害己的結果。

莉莉和曉君一起到某家廣告公司做業務員。由於她們兩人是同時進公司，所以在工作上合作得比較有默契。但是好景不長，很快她們之間就出現了問題。

原來，曉君性格外向，善於交際，很快建立了自己的客戶群，而且很多客戶都

是因為曉君善於說話辦事，所以非常樂意和她打交道，甚至主動幫她介紹客戶。因為人緣好，曉君的業績迅速上升，成為公司業務部裡的一顆「新星」。相較之下，莉莉就遜色多了。她不僅不善於與人溝通交流爭取客戶，而且公司某些老客戶還因為她說話不當給得罪了。因此，曉君和莉莉在公司是非常明顯的「一紅一黑」。

面對這種狀況，莉莉心裡覺得很不舒服。曉君拿的獎金比她多，錢多不說，就連在能力上也讓人覺得莉莉比曉君差。莉莉不願意長期落後，但經過一段時間努力後還是比不上曉君，甚至差距越來越大。就這樣，莉莉對曉君產生了強烈的嫉妒心理，並慢慢地產生了一些嫉妒行為。

在曉君與客戶接觸時，莉莉總是有意無意往旁邊湊，總是有意無意間表現出不屑一顧，甚至還說些冷言冷語的話。客戶看出了該公司職員之間的不團結，感覺到他們「不可信任」，便不再與他們合作。於是，曉君的好幾張訂單都因為莉莉的攪局而功敗垂成，業績下滑許多。

業績下滑後，公司的主管經理找了曉君談話，批評她驕傲自滿，把到手的訂單搞砸了。在經理的批評面前，曉君一時無法解釋清楚業績下滑的原因，而是接受了公司的處罰——扣發獎金。

莉莉看到這件事後，心裡暗暗高興。這下妳總算「跩」不起來了吧。但是，她還沒來得及享受高興的滋味時，就被經理叫進了辦公室，宣佈她被解雇了。

在莉莉收拾東西準備走人時，她聽到了同事傳來另一則讓她更傷心的消息——曉君升任部門副理，準備進行訓練，掌管公司業務方面的工作。

在人與人之間，潛藏著一種競爭是必然的社會現象。兩個人一起競爭時，看到別人在事業上一路順風，而自己經過努力卻難以獲得發展，產生不愉快的心情，也是人之常情，尤其是起步差不多的人在一起時。但是，面對這種不愉快的感情，需要理智，需要仔細去分析造成差別的原因，而不是去恨別人。因為別人的成績不會因為你恨而消失，即使你的恨對他造成了一定的損失，但你還是得不到任何好處，相反還會讓你陷入嫉妒泥潭不能自拔。

尤其令人擔憂的是，嫉妒心理長期得不到緩解後，容易喪失理智，產生一些損人不利己的嫉妒行為，去傷害自己所嫉妒的人。結果，嫉妒別人抹煞不了別人的成績，反而將自己埋了進去。這是損人更損自己的事情，也是嫉妒帶來的危害。

人和人之間存在競爭不假，同時又存在著能力差異。因此，人和人之間的競爭不可避免的一定有所勝負。面對勝負，沒有必要去恨對方超過了你，而應該去想想自己為什麼被對方超過了。是對方的能力確實比自己強？還是對方的運氣比自己更好？還是對方比自己努力？還是有其他原因？找出原因，取長補短，這一次在競爭中輸給了對方，在下一次再贏回來，這一方面輸給了對方，在另一方面一定要贏。不找他人出氣，只鼓勵自己努力，不就可以避免做出害人又害己的事情來嗎？

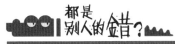

嫉妒是一種普遍存在的現象，是一種患得患失的心理，一個人要想做人成功，就需控制和消除自己的嫉妒心理，避免做出「害人又害己」的事情，做到用良好的心態去面對競爭。

自我成長

想成功，就必須消除嫉妒他人的想法，趁機找出差距，迎頭趕上甚至超越對手。一般而言，克服嫉妒要從以下幾點入手：

1. 正確對待競爭：人的一生都處在競爭中，有競爭就有輸贏。別人超過了自己，最重要的是去找出自身競爭失利的原因，而不是仇恨競爭對手的存在。這樣不僅會輸掉競爭，還會輸掉人格，斷絕以後超過和戰勝對方的希望。

2.擁抱自己的對手，向對手學習：在競爭中，無論自己輸贏，對手是自己取得成績最大的「恩人」，向他學習才能夠戰勝他，讓他欣賞及尊重你。

3.正確客觀地認識自己：人貴在有自知之明，客觀公正地評價自己，經常捫心自問和反覆重新評價別人，迅速提高自己的競爭水平，剷除嫉妒心理的侵擾，勇於承認事實、接受事實，能夠對自己說：「他的卓越讓我看到了自己的缺陷，也看到了自己的努力方向。昏頭昏腦妒忌他人無濟於事，勤奮的努力，剷除自身的弊端才能夠揮灑屬於自己的光彩」。

別人的成績不會因為你恨而消失

03 給別人面子也是給自己面子

每一個人都有自己的尊嚴，也會不知不覺地維護自己的面子。有些人出於正直，出於對他人的關懷，喜歡當眾提供他人意見，結果好心卻換來了他人的仇恨。

辦公室裡小鄒和老陳是人所皆知的「冤家」。他們水火不相容就是因為老陳個性耿直、喜歡批評別人，而小鄒又偏偏不服氣。

在年前，公司把所有的職員召集在一起，開了一次會議。在會上，經理要求大家都提出自己的意見或看法，討論下一年的工作計劃。

在大會上，經濟系畢業的小鄒對公司的發展提出了自己的意見。他針對公司的現狀，把公司存在的弊端一針見血地指了出來。他的提議中，涉及到有些同事業務能力素質低、市場眼光短、卻又佔據著重要的職位，致使公司其他員工工作不積極之類的話題。最後，他提議對公司所有員工的工作進行考核，讓那些不適合的員工離開。

當然，小鄒的提議反映了公司的實際情況，但這一項提議又不可避免地觸及了某些員工的切身利益，所以不少員工對這些提議感到非常氣憤。

老陳五十幾歲了，是公司的會計，只有高中學歷，是一步一步做到會計的。至今，連電腦都不太會，做帳都靠手寫。他聽到小鄒說「有些同事業務素質低」，就以為小鄒是在說自己，一下子站起來，指著小鄒的鼻子說：「別以為讀了大學，就有什麼了不起！你懂個屁！我出來工作時，你還在吃奶呢……」

小鄒睜大眼睛瞪了老陳一眼。但是，老陳一激動起來就沒完沒了，一會兒數自己的功勞，一會兒數自己的苦勞，一會兒大罵有些年輕人不知天高地厚……公司經理阻攔了幾次，老陳就是「得理不饒人」。

小鄒是獨生子，從未受過別人的氣，而且大學畢業加入這家公司以來，一直都兢兢業業地工作。見老陳這樣，當面就頂撞了起來，要不是旁邊的同事拉著，他還真會忍不住要動粗了。經理見狀只好一邊勸架，一邊宣佈散會。在這家公司裡，老陳是股東兼功臣，但小鄒的父親也是重要的股東之一。身為經理誰也得罪不起，於是只好勸和。

此後，兩個人在工作中經常較勁。老陳是會計，小陳負責公司的採購，兩個人又不得不在工作上經常打交道，一打交道就會發生衝突，兩人的關係緊張到已經嚴重影響到了公司的正常營運。最後，經理只好說服老陳提前退休才解決這種情況……

在職場中，因為工作關係，人與人之間難免會發生分歧。一般而言，如果下屬與上司發生分歧，礙於上下級關係，大家很少有所爭執，而且多半以下屬的妥協結束，但如果同事之間出現了分歧，很可能就不是那麼簡單了。因為同事之間不存在上下級關係，一旦大家都認為有理，往往會固執己見，互不相讓，甚至互相指責。尤其是某些生性耿直的人，他們不但固執己見，而且往往容易衝動，當眾給同事提供意見，結果導致同事關係非常緊張。

這樣做是很不好的，因為給別人面子也就是給自己面子。上司對下屬提意見，尚且要考慮到面子問題，同事之間提意見，哪能不考慮對方的面子問題呢？人要臉，樹要皮，如果不考慮對方的面子問題，當眾給另一個同事建議，無論其建議正確與否，對方往往較難以接受，甚至會對抗到底，造成彼此關係緊張。

小鄒和老陳由於各自對公司的看法不同，導致出現分歧，本來是很正常的事情，一般來說不至於到水火不容的地步。但是，老陳不顧及小鄒的面子，當眾提出反對意見，而且說了一些難聽的話，逼迫小鄒不得不為了維護自己的面子「反抗」。結果，因為誰都下不了臺，他們又不得不全力「戰鬥」，直至對方屈服為止。

彼此的爭論就不知不覺地由工作問題變成了人格問題。為了自己的人格，誰會認輸呢？因此，「一場面子戰爭」讓雙方做人失敗的問題都暴露無遺。

在生活中，要注意別人的面子，不要當眾指責別人。因為當面提出別人的問題，無論你是處於好意還是惡意，都會逼著別人為了面子反抗你「教訓」他。

自我成長

要避免好心給他人意見卻導致對方仇恨自己的狀況，需要注意以下幾點：

1.要時刻想到給別人面子：每個人都需要面子，給別人的面子就是給自己的面子。不顧及別人的面子，無論你是否真為別人好，都會逼迫別人為了維護面子而與你「對抗」。

2.提意見要講究藝術：在生活中，給別人提意見也是一門藝術。同樣一個意見，不同的說法往往會導致不同的結果。人都有不願當面認錯的心理，他們認為這樣會有損面子。因此，對他人的意見最好是在私下，而且是在他心情比較好時。否則，很容易引起對方的對抗情緒。

3.要學會「求同存異」：不同的人，立場不同，閱歷不同，對同一件事情的看法當然就不同。有不同意見可以暫時相互保留，方便的時候再溝通，也可以保留自己的意見，尊重對方的意見。

當眾提供他人的意見，是當眾否定他人，是有損他人的面子，也是向他人公然挑戰，當然會引起人際關係緊張。

04 正確對待別人的優勢和劣勢

人的能力有大小，優勢各有偏重。有一些人會因為自己能力強，而看不起其他人，結果就是導致自己也被別人看不起。

某電腦軟體公司的程式設計師小斌是公司裡的技術高手，在公司很有地位。但是，他智商高卻情商低，有時目空一切，不注重營造良好的人際關係，在自己的同事面前總是一副高高在上、頤指氣使的架勢，尤其是對辦公室的行政人員不屑一顧。

一次，他到辦公室領取辦公用品時，拒不按公司的規定先填表格再領用品，反而認為別人是在對他找碴，所以對祕書安妮惡語相向，說：「一個打雜的，有什麼好神氣的！就你們部門規矩最多！要不是有我在公司，你們早就失業了！」

小斌看不起人的話激起了大家的憤怒，大家紛紛找他麻煩，要他道歉。後來，在老闆的勸說下才息事寧人。

這件事後，主管心裡既看不起小斌，但一時又離不開小斌，便想辦法改變目前的尷尬局勢。不久，他將自己學軟體的侄子找進了公司，暗中鼓勵侄子要在工作中好好表現自己，想辦法把那小子的威風給壓下去。果然，沒多久，主管的侄子在技術上已經達到了小斌的水準，在公司取代了他的位置。

這時，同事們也開始表現出看不起小斌的舉動。一個曾被小斌看不起的同事當著小斌的面與主管的侄子開玩笑：「你在技術上要多照顧我一下啊！你這麼年輕帥氣，又是咱們的衣食父母……」

尤其是讓小斌難以接受的是，有一次他填表不小心填錯了地方，祕書安妮對同事們說：「咳，沒想到我們公司的某些『高手』，聰明得連一份表格也填不好……」

小斌看到同事們對他不屑一顧的神情，覺得繼續在公司待下去也沒意思，只好主動辭職了。

在職場中，每個公司或者部門都或多或少地有一些「戰略性工蜂」，他們要麼是技術能手，要麼是業務高手，要麼是管理精英，很受老闆的器重。

因此，有些人也難免因受寵而臭屁了起來，見到其他員工常常鼻孔朝天，敷衍了事，愛理不理。他們這種看不起他人的態度，很容易導致其他同事疏遠和孤立他們，從內心看不起他們的人品。

而且，一旦出現了什麼差錯，那些被你冷落或看不起的同事往往會旁觀漠視，甚至落井下石。

小斌是公司的戰略性工蜂，他看不起同事，導致同事與他有了隔閡，主管也開始有意識地孤立他。結果，等他失寵後，落毛的鳳凰不如雞，一些被他看不起的同事也藉由一些小事表達看不起他的意思，迫使他不得不離開公司。

世界上的一切都在發展變化之中。一個人再有能耐，也只能夠證明過去和現在。殊不知，後生可畏，強中自有強中手，說不定哪天遇到一個比你更強的人也會看不起你，或是哪個曾經被你深深刺痛卻毫不起眼的人，會不知不覺地抓住你的錯誤看不起你，你也會承受看不起他人的惡果。

而且，一個慣於看不起他人的人，是難以獲得別人內心尊重的。

自我成長

一個人要想避免犯這樣的錯誤，需要做到以下幾點：

1.要培養謙虛謹慎的品德：俗話說，謙虛使人進步，驕傲使人落後。只有謙虛謹慎的人，才不會產生看不起別人的想法，才容易受到別人的尊重，不會也被別人看不起。

2.正確對待別人的優勢和劣勢：看不起別人的人往往喜歡把眼光盯在別人的不足之處。在他們潛意識裡，根本就看不到別人的優勢，因此一旦看到了劣勢就無意識的將其放大。

3.要用發展的眼光看問題：如果一個人以發展的眼光看問題，意識到別人目前雖然比自己差，但卻具有很大的發展潛力，只要經過發展就可以趕上和超過自己，

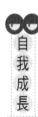

而且後生可畏，前途不可限量，那麼他就不會產生看不起別人的想法。

看不起別人的人往往無法看到別人的優點，而最終不知不覺地落後給他人。

05 過河拆橋，下次找不到搭橋人

現代社會中，每一個人的成功都需要其他人直接或者間接的協助，需要有人「搭橋」。有些人為了一時的利益過河拆橋，結果等下次需要再有人「搭橋」時，就沒有人願意幫你了。

光輝和文強同時進入一家公司上班，又被分配在同一部門，成為了工作搭檔。光輝和文強相互約定，將來無論誰晉職做了主管，都要照顧以及提拔對方。

於是，不管是在生活上，還是工作中，只要遇到麻煩或者面對無法獨自解決的事情，光輝和文強總是毫無保留的相互幫助。由於在工作中相互支援，他們很快獲得了老闆和同事的認可。但在年終評比時，光輝的工作業績在公司中排名第一，而文強則排名第四。

第二年開春時，公司對員工的職務做了一些調整，以便能夠取得更好的業績。因為光輝為人比較機靈，工作業績也是第一名，大家便推舉他做部門主管。為了考察光輝適不適合做主管，老闆私下約了與光輝一起工作的好幾個員工，談談對光輝的看法。結果，不同的同事有不同的看法，有的表示支持光輝出任主管，有的反對，有的則不表態。

在老闆與文強面談時，文強極力向老闆推薦光輝，認為光輝是出任部門主管最合適的人選，並列舉了光輝的很多優點。文強與光輝在工作上配合最好，老闆認為文強最瞭解光輝，便果斷地任命光輝為部門主管。

光輝當上了部門主管後，卻忘記了當初的約定，不時在文強面前擺架子。文強倒也沒有計較，而是一樣繼續努力工作，努力提高自己的業績。

一年後，老闆有意提拔文強為自己的助理，同樣也向光輝徵求意見。光輝看到文強一下子躍到了自己頭上，心裡很不舒服，便說文強的綜合素質比較差，為人處世不夠精練，不適合做老闆助理……

老闆一聽，很快意識到了光輝是在過河拆橋——光輝升遷時，文強是毫無條件地支持，而文強升遷時，光輝卻百般阻攔。於是，老闆便不再相信光輝，還是堅持任命文強為自己的助理，並逐漸限制光輝的權利，還開始尋找替代他的人選了。

在職場中，有一些同事為了實現自己的目標，就會想辦法去迎合、討好同事，給同事一些恩惠和許諾，目的就是要實現自己晉職加薪的目標。如果他的目的達到了，就馬上翻臉不認人，一腳把你踢開，還把你當作最大的對手來防範。這種同事無論晉職有多高，最終還是免不了「墜落」的，因為他的背叛行為會引起同事的憤恨，最終導致工作難以施展開來。

因此在職場中，要想做好與同事之間的關係，使自己晉職加薪，就不能做那種過河拆橋的事，這樣只會把自己的事業以及人際關係搞得一團亂。

恩將仇報、過河拆橋是人人討厭的行為，一個人要想在職場中好好發展下去，要想搞好與同事間的關係，需要個人具有良好的口碑。在職場上，一旦做出過河拆橋的事情，就是將自己職場的一切成就化為烏有，最後只能捲鋪蓋走人了。

自我成長

要避免犯下過河拆橋的錯誤，需要注意以下幾點：

1. 培養自己的感恩意識：過河拆橋是一種忘恩負義的行為，對於一個有感恩意識的人來說，做出過河拆橋的事情，是一種痛苦和恥辱。因此，培養感恩意識是避免犯錯的最好辦法。

2. 要注重人際關係的維護：人際關係是不斷變動的，如果不注意維護往往會使原來的人際關係崩潰，使自己陷入孤獨的境地，而等下次再需要他人幫助時，就變成了真正的孤家寡人了。

3. 要重視他人的利益，能夠與他人分享：許多人過河拆橋是因為忽視了他人利益、不願看到別人分享成功所導致的。在做人時，能夠重視他人利益，學會了分享，就不會做出過河拆橋，讓人不齒的事情。

過河拆橋是忘恩負義、恩將仇報的行為，也是為人所不齒的行為。

06 沒有合作，個人能完成的事情有限

許多事情只有合作才能夠完成。但有些人害怕與他人合作會被學走了他的優點，占了便宜，所以拒絕與他人合作，結果在他們面對個人能力之外的事情束手無策時，很多事情都做不了。

明志讀書時，喜歡獨來獨往，遇到事情也總是獨自解決。父母教育他要多與別人交流，多與別人合作時，他總是說：「我就是喜歡獨來獨往，就是喜歡遇到事情

一個人扛。老虎和獅子總是獨來獨往的，因為牠們是強者，有能力單獨應對一切；羚羊是成群生活的，因為牠們是弱者，需要同伴的協助才能夠有效保護自己。我要做強者，是要做老虎和獅子，所以我必須要像牠們一樣獨來獨往。」

他父母也希望他成為強者，見他說得還有一定的道理，而自己又無法去說服他，便不再要求他了。

大學畢業後，明志依然只相信自己能力，不願意與他人合作。

有一次，他所在的城市遭受到了颱風的侵襲。颱風吹斷了一些樹枝。明志的汽車停靠在一個大樹下時，被一根遭吹斷的大樹枝壓住了。明志一看，便伸手去拉扯樹枝，企圖把樹枝拉到一邊，讓自己能夠把車開出來。但是，那根樹枝太大，他怎麼使勁拉也拉不動。

旁邊有人想幫他忙，但他拒絕了，認為堂堂的男子漢，遇到一根樹枝就要請人幫忙，那太沒出息了。於是，他堅持一個人去拉樹枝。結果，由於他用力過猛，樹枝被拉斷，一下子掉了下來，還把他壓倒了……

現代社會分工越來越精細，合作越來越重要。在生活中，有許多事情，少了合作就根本做不成，而一個人的合作能力強否，決定著他是否有著更多的成功機會。

明志從小自認為是「老虎」，是強者，不需要他人的合作，長大後，生活在這個透過合作關係建立起來的社會裡，不與別人合作，結果卻連一些非常簡單的事情都做不了。

還有這樣一個哲理小故事，同樣可以教育我們：

從前，一位長者給了兩個饑餓的人一根魚竿和一簍鮮魚。那兩個人決定合作，他們一起吃魚，一起去找可以釣魚的湖。

後來，他們終於找到了釣魚的湖，並在湖邊安家，有了各自的家庭、子女，過著幸福安康的生活。

明志不善於合作，一些最簡單需要合作的事情就做不了，而故事中那兩個人善於合作，只憑藉手中的一根魚竿和一簍鮮魚最終獲得了快樂的生活。不合作者失敗，合作者生存，在他們不同的表現中顯現的一目了然。

同樣的，或許你掌握了生產某個產品的關鍵技術，他掌握著這個產品的原物料，這時要想成功最好的辦法就是合作。如果都想獨自發展的話，結果可能就是都無法壯大起來。

自我成長

要培養自己的合作意識，需要注意以下幾點：

1.要認識合作的重要意義：合作是生活中不可或缺的生存方式和手段。合作可以互相借助對方的優勢，彌補自身的不足，進而提高實力，能夠去做一些個人能力之外的事情。

2.要培養自己的合作能力：合作是一種能力，在現代社會，善於合作的人往往能夠巧妙地透過合作利用他人的優勢和資源，實現自己的目的，因而獲得成功。

3.要善於發現和欣賞對方的優點、優勢：很多人不願意與他人合作，是因為看不到對方的優點和優勢，以致認為與對方合作不划算，容易上當吃虧，因而「寧願獨做也不願合作」。其實，這是一種狂妄自大的看法。

只要你學會了發現和欣賞對方的優點、優勢，你就會發現與他人合作對你有巨大的利益。

一個人的能力和精力有限，不合作，個人能力外的許多事情都會做不了。

07 給人方便，自己方便

給人方便，自己也方便。但是有些人卻不願意給人方便，結果等他們想別人給他提供方便時，就發現沒人願意協助他。

在公司，胡小姐愛告狀，經常在老闆面前顛倒黑白，搬弄是非，造謠中傷那些與她有競爭關係的同事。

前不久，與她一起競爭經理特助的劉小姐懷孕流產，不好意思向男上司請假，委託胡小姐幫忙跟老闆說一下，要請幾天病假。結果，胡小姐故意不跟老闆請假，導致劉小姐幾天「無故」沒來上班，被老闆臭罵了一頓，並被扣除了當月的獎金。

後來，胡小姐故意不向老闆請假的事情，讓全公司的員工都知道了。大家都對她非常不滿，尤其是劉小姐。

胡小姐和劉小姐在同一個辦公室裡。劉小姐做財務，胡小姐做出納，在工作上是相互支援、相互監督的關係。有一天，畢業多年的老同學約聚會，胡小姐提前請好了半天假。中午，會計說，她們兩人一定要在下午把公司發薪資的事情搞定。

如果她們關係相處的好，胡小姐請了半天假，劉小姐一個人就能夠完成發薪資的事情的。但是，劉小姐此時拿出了自己的理由——會計要求兩個人在一起做的事情，憑什麼就要我一個人做？而且，按照規定，出納和財務是相互監督，相互幫助的。胡小姐要劉小姐自己一人多擔當一點，說自己有事情要走，何況假都請好了。但是，劉小姐的原則性很強，說不行就是不行。胡小姐一氣之下就走了。

結果，在第二天發薪資時，由於胡小姐前一天下午請假走了，沒能按時發出薪資。同事們都很有意見，不少人到老闆那裡去告狀，胡小姐為了約會，丟下公司的工作不做。老闆看到這麼多人反映這個情況，不得不相信大家的話，便把胡小姐調離了財務部。

平常，我們很多時候都需要別人給自己提供方便。而且在別人提供方便時，就比較容易做好某件事情。因此，每個人都希望別人能夠給自己一些方便，以便自己能夠比較容易地實現自己的目標，獲得成功。但是，在給別人方便時，又不得不考慮到人與人之間的競爭。因此，很多人基於這一點，便希望別人給自己提供方便，而自己卻不願意去給別人一些方便。

當別人需要你提供方便時，你不要，在你需要別人提供方便時，別人又怎麼會給你呢？平時，如果不考慮到這一點，就往往容易犯下這類錯誤，導致自己需要時，別人也不願意通融的結局。

自我成長

一個人要想避免犯不給人方便的錯誤，需要注意以下幾點：

1. 做人要胸襟寬廣些：有時，遇到與自己有競爭關係的人需要自己提供方便時，你會不知不覺地認為，提供給對手方便不是給對方增添了勢力，讓他更加容易戰勝和超過自己嗎？於是，便會拒絕為他提供方便，甚至還去製造些障礙。其實，這一點「小動作」不足以影響競爭結果，反而還容易讓人看不起自己的人格。人格被人看不起，就是最大的失敗，即使競爭勝利也會為人所不齒。

2.給人方便、自己方便：任何人都不可能不需要別人幫忙。因此，如果人人都能相互提供方便，生活就會變得更方便，就更容易獲得成功。

3.多參加一些公益活動，培養給人方便的意識和習慣：很多公益活動都是為人生活提供方便的。多參加這些活動，可以提高自己對給人方便的認識，進而能夠逐步養成協助他人的習慣。

任何人都不可能是萬能，不需要別人幫忙，不需要別人提供任何方便。

08 都是別人的錯，你也永遠對不了

許多人在與他人合作出現錯誤時，總把錯誤歸咎到別人的身上：都是你的錯，不然的話事情不會變得這樣。結果，他們不承認錯誤導致他們離真理越來越遠，永遠也對不了。

文軒還是小學生時，每天回家後，都由媽媽陪他做作業，由媽媽檢查他作業的對錯。有一天，文軒的媽媽出差不在家，文軒只好讓爸爸陪他。他爸爸是一個比較粗心的人，文軒在做完作業後，就給爸爸檢查了一遍。文軒爸爸掃了一眼就把作業還給了他，說「沒什麼問題了」。

第二天，文軒把作業交上去了。結果，老師發現平時作業很少出錯的文軒這次作業錯了不少，便好奇地問他原因。文軒說，以前是媽媽幫忙檢查的作業，所以錯得少，昨天是爸爸幫忙檢查的作業，錯多了都要怪爸爸「粗心大意」。老師聽了，感到大吃一驚，便把文軒的情況告訴了文軒爸爸。但是，文軒爸爸並沒有特別重視。就這樣，文軒養成了一種習慣，遇到不好的事情，就「都是別人的錯」。

現在，文軒大學畢業開始工作了，還是改變不了這個習慣。

與別人合作時，有幾次事情做得不順利，他都是毫不猶豫地追究別人的錯誤。同事們幾乎不願意與他合作，而他單獨做某一件事情時，又往往堅持自己錯誤的觀點而導致事情失敗。為此，文軒受到了老闆好幾次的批評，最後還被公司開除了。

很多人容易養成推卸責任的習慣。遇到需要承擔責任時，他們唯恐避之不及，往往會找出很多冠冕堂皇的藉口，什麼對方不聽自己的建議，什麼時機不對，什麼運氣不好等等，好像他做的不好是天意為之，他已經很盡力了，沒有任何責任了。而且，有的人不僅不去承擔失敗的責任，還裝作一副無辜的樣子，把自己裝扮成受害者，儼然都是別人的錯。其實，這是一種不負責任的態度，是人品有問題。既然你是當事者，事情做的不好，或者遭受了挫敗，就理所當然地要承受責任，把一切問題歸究到他人身上，都是別人的錯，只有自己是對的，那最後為什麼沒有扭轉乾坤，沒有把事情做成功？

做人就意味著肩負著一份責任。把一切責任推到別人身上，都是別人的錯，不承認失敗的事實，不承擔失敗的責任，又怎麼能夠吸取教訓，提高自己，避免出現類似的錯誤呢？而一個人老是重複犯類似的錯誤，又怎麼能夠成就一件事，又怎麼能夠成功做人呢？

文軒從小養成了推卸責任的習慣。只要有什麼事情做的不好，需要承擔責任時，他就毫不猶豫地把責任歸究到別人身上——都是別人的錯，而自己也並不去反省。結果，長大後不僅在工作中頻頻出錯，而且還讓人看不起他的能力，看不起他的人品，不再願意與他合作。這樣，他能力提高不了，人緣差，當然是談不上什麼成功了。

自我成長

要想避免犯類似文軒的錯誤，需要注意以下幾點：

1. 培養自己的責任意識：責任意識對一個人能否做人成功有著巨大的影響。因為要想成功，就需要建立功勞。而功勞又往往是與責任成正比。不願意承受責任，當然無法獲得功勞。如果一個人不負責任，那麼他將無法擁有建立功勞的機會，縱使有，也會因他不負責任的行為導致下屬不會努力去爭取成功，最終落得失敗的結局。

2. 要勇於承認錯誤：許多人不願意負責任就是不敢於承認錯誤導致的。他們認為，承認了錯誤就意味著自己失敗，自己失敗當然是令人丟面子的事情。其實，做人的成敗不在於一兩次失誤或者挫折，而在於不承認失誤和挫折。因為一個人不承認失誤和挫折就無法進步，無法獲得成功。

3. 改掉遇事找藉口的習慣：避免養成或者及時改掉遇事找藉口的習慣，就能夠勇於接受事實，不去推卸責任認為都是別人的錯。

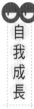

一個人遇事都是別人的錯，不吸取教訓，就無法進步，就無法獲得成功。

09 成功的祕訣只有兩個字—合作

與他人合作取得成功時，不免要分給他人一部分成果。某些人看到自己的成果被別人分享，內心便產生一種獨佔慾，以致最終採取行動去獨佔成果。結果，他們的行為往往導致無法合作，無法繼續獲得成功。

張羽和偉誠合夥開了一家餐廳。由於地處鬧區，加上餐點好吃，所以餐廳生意越來越好。合夥創業一炮而紅，當然是一件令人開心的事情。但是，張羽看著突如其來的錢財被偉誠分走了一半，內心有些不舒服。於是，他開始利用自己收錢的便利，盡可能地把餐廳營業收入放入自己的口袋。

偉誠看到每天生意那麼好，盈利卻非常少，便對張羽產生了懷疑，也暗中觀察張羽。有一次，偉誠發現了張羽把收來的錢私下往自己口袋裡塞，便與他吵了起來。張羽當然不承認。於是，他們倆各執一詞，互相指責，鬧得不可開交。最後，在朋友的勸阻下，他們才達成了表面的和平，並建立了一套互相監督的制度。

表面的和平並沒有消除他們內心的芥蒂，更沒有抑制張羽的獨佔慾。後來，偉誠又一次發現張羽獨佔營業額，衝突又一次爆發。這一次，他們再也沒有商量的餘地，很快就宣佈拆夥了。

張羽退給了偉誠一部分股金，獨自經營餐廳。偉誠則帶著兩個徒弟去尋找發展空間。結果，偉誠走後，那些衝著偉誠炒菜好吃的食客也不到那家餐廳去了。

張羽看到生意變冷清了，才意識到偉誠的廚藝是餐廳生意好的重要原因，便又想把偉誠請回來，或者恢復合夥，或者出高薪聘他。但是，偉誠打死都不願意再與他合作了。此後，無論張羽從哪裡聘請廚師，他餐廳的生意都沒再好過了，一直處於慘淡經營中，直到轉讓給別人。

許多人之所以能夠獲得成功，就因為他們善於合作。但是，每一個人都有自己的合法利益，合作就意味著要與他人分享成果。張羽和偉誠合作開餐廳，生意很快就很好，應該說是獲得了不錯的成果。但張羽的獨佔慾強，不願意與偉誠一起分享成果，採取一些手段逐漸蠶食成果，結果被發現後，雙方的合作誠意就被破壞，最終只好拆夥，再也無法獲得合作時那樣豐碩的成果。

著名成功學家拿破崙．希爾說，我成功的祕訣只有兩個字——合作。一個人要想成功，當然也離不開與他人的合作。而與他人合作時，最容易犯的錯誤就是獨佔慾強，不願意與他人分享成果。因此，在與他人合作，要避免這些問題發生。

自我成長

合作不僅僅是把人組織起來，而且要能發揮這個團體其他成員所擁有的各種才能，取長補短，共同發展，同時也要共同分享成果。要避免犯下獨佔的錯誤，需要注意以下幾點：

1. 多站在對方的角度考慮：自己奮鬥，追求成功，是為了享受成功的果實，他人與你合作時也是同樣如此。

2.建立健全的相互監督制度，並嚴格按照制度行事：在合作時，不但有一個承擔責任方面的協定，在享受成果方面也應該有相應的約定。

3.把眼光放遠一些，別只看著眼前利益：合作的目的就是為了獲得最大利益，為了實現自己理想，獲得成功。獨佔成果雖然獲得了暫時的利益，但是破壞長期的合作，導致長遠利益喪失，是得不償失的。

4.創造雙贏的局面：與他人合作時，只有雙贏才能夠提高雙方合作的積極性，才能夠避免因獨佔而破壞合作、影響再次獲得成果的機會。

不給他人一定利益，誰願意與你合作，不願意與他人分享成果，誰願意與你繼續合作？獨佔成果，是破壞繼續合作的行為。

10 別為了炫耀而冒險

每一個人都希望別人看得起自己，對自己的能力刮目相看。於是，有些人不惜一切炫耀自己的能力，甚至為了炫耀而冒險。結果，他們冒險吃虧後，誰也沒辦法幫他們挽救。

彰赫是一個見識比較廣的小夥子，同事們有什麼不明白的問題，問他總能夠得到或多或少的解答。因此，大家都誇他知識淵博，說他是個「萬事通」。

彰赫聽到讚美聲不斷，便更加自信，儼然自己什麼都知道、什麼都懂。只要別人問他的問題，他都積極給他們提供建議，並慢慢養成了怕別人說他不懂的心理。只要別人說他不懂，他就偏要向別人展示一下自己的辦事能力。

有一天，同事大剛和人閒聊時，無意間說起自己正在炒股票，但是因為不懂炒股的技巧，虧了不少。彰赫不以為然地說：「炒股有什麼難的？只要看準了股市行情和走向，很容易發大財的。」大剛說：「炒股可不是懂得一些知識就行了！」

彰赫一聽大剛有看不起自己的意思，便說：「我瞭解了不少炒股知識，總該對炒股有一些幫助吧？我這個星期就去買股票，到時候賺給你看看！」

大剛說：「你倒很有自信。但炒股不像是其他的東西，僅有理論是不行的！」

彰赫說：「我不行，我炒股不賺錢？我現在向公司的所有同事宣佈，我要炒股，而且要賺大錢！」

大家沒有把彰赫的話當回事。但是，彰赫真的跑到股市買下了很多股票。

過了兩個月後，股市暴漲，彰赫買的股票上漲不少。彰赫便決心加大投入，借了不少錢投進去了。親戚、朋友、同事都勸他，此時不要投入太多。但是，他還是毅然投進去了。

股市風雲變幻，不到一個月，彰赫買的股票大跌，一下子賠掉了所有的財產……

每一個人都渴望獲得他人的喝彩，希望別人對自己能夠刮目相看，希望自己是別人眼裡的「能人」。於是，一些人就拼命地炫耀自己的能力，有時候為了怕別人說自己不行，還甘願冒險去獲得別人的一聲喝彩。結果，一旦他們冒險失足，誰也不能夠去幫助他們脫險，幫助他渡過困境。因此，這種為了炫耀而冒險的做人方式是值得警惕的。

小陳為了炫耀自己能力，為了炫耀自己「無所不知」，傾盡所有財產，甚至借下了大量的金錢去買股票。結果，股市變幻莫測，他一下子幾乎賠掉了一切。而此時，當初為他喝彩的人卻沒有誰能幫他走出這樣的困境。小陳的慘痛教訓是值得我們思考借鑑的。

自我成長

要避免犯「為了炫耀而冒險」的錯誤，需要注意以下幾點：

1. 在面對別人的喝彩聲時要理智：人在高興時往往容易失去理智，進而做出一些衝動的事情。因此，要想避免犯錯誤，就要時刻理智，尤其是面對別人的喝彩聲時，保持理智是避免自己做出錯誤決定的重要保障。

2.做人要低調實際一點：有時候，別人的喝彩聲可以振奮一個人的精神，使他很有成就感。但是，人不僅僅要追究成就感，還要擁有一定的實際利益。為了炫耀而不惜冒損害自己巨大實際利益的風險，是非常不值得的。

為了炫耀而冒險是沒有實際收穫而去冒的險，無論勝敗都是得不償失的。

11 不會說不，有苦只能吞下去

中國人有一個慣性心理，說出「是」容易，說出「不」難。一旦他們不得不拒絕別人時，總免不了有幾分歉意。於是，他們往往因為不善於說不，自己額外地要受一些悶苦。

亞真在大學讀書時，每月只有三千塊錢生活費。如果只作為個人的生活費用，這也就夠了。但是，她卻時常感到手頭很緊：同學邀她參加聚會，她不好意思拒

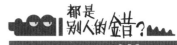

絕；親戚朋友來看她，她不得不請客去餐廳吃飯……這樣，她每個月的開銷總是有一些超支。而導致這些的原因就是她不善於說「不」。

一天上午，她阿姨前來學校探望她時，阿姨邀請她中午一起吃午飯。她覺得阿姨來看自己，當然是自己掏錢請客。但是，自己口袋裡只有一千塊錢，還得支撐到月底呢！

她無法拒絕，便決定請姨媽去吃套餐，一人花一百五十塊吃頓飯。這樣，她就可以還剩下七百塊。

她便帶著阿姨往一家餐廳走去。然後，走到半路時，她阿姨卻指著街對面的那家「經典家常菜」說：「對面那家看起來不是不錯嗎？」

亞真知道自己口袋裡的錢不多，去那一家餐館，肯定不會剩下多少，但又不好意思對阿姨說自己的錢不多，便帶著阿姨到了那家餐廳。

服務生遞來菜單後，她阿姨點了一個菜，她自己也點了一個。服務員不停地向他們推薦「某某菜是我們的招牌菜，味道不錯的！」

「某某菜是特價，打八折優惠的」。最後，她們兩人點了四道菜。

飯後，阿姨要付帳，她又覺得自己招待阿姨，讓阿姨付帳會丟面子，便搶著把帳付了。結果，她口袋裡僅僅剩下兩百塊錢。

阿姨走時，要把吃飯的錢給她，但是她堅持不要。阿姨只好買了很多零食送給了她。這個月剩下十天，亞真只好依靠兩百塊錢和姨媽留下的一大堆零食過日子了。

幸好，她的一個好友發現了她的困境，借給了她五百塊錢，否則她真的要實施「減肥」課程了。

不善於說「不」是許多人共同的特徵之一。在日常生活中，許多人在拒絕別人時，總覺得有幾份歉意，感到不好意思。也因為他們容易感到無法拒絕，因而做出一些本來並不心甘情願做的事情。

拒絕是一種權利，因為只有善於拒絕才可能善於選擇，只有善於拒絕才可能集中一切治本目標，最終獲得成功，不善於拒絕是沒有主見的表現。他們雖然知道做某些事情並不符合自身的利益，或者不利於自己的成功，但因為不善於拒絕，不好意思說不，最後還是不得不接受自己早已經知道的，對自己並不利的結局。

亞真不善於拒絕別人而讓自己本來夠花的生活費時常捉襟見肘，不得不忍受花錢的痛苦。在她阿姨來時，她本來可以拒絕阿姨的邀請，或者讓阿姨請自己吃飯的，但是她卻沒有。

平常，我們也會遇到類似的事情，不要像亞真一樣，因不善說不，最後有苦只好獨自忍受。

自我成長

要想避免「不善於說不，最後不得不忍受苦果」的結局，需要注意以下幾點：

1.正確認識拒絕的作用和意義：拒絕是做人成功的必須條件。因為只有拒絕對自己成功不利的要求，才能夠保持自己堅定不移的向成功目標邁進。而且，人與人之間相互拒絕一些不合理的要求，是負責任的行為，是善於保護自己的行為。

2.認清和關注自己的切身利益：每個人都有自己的切身利益。在遇到別人有損自己切身利益的事情時，不要不好意思拒絕，適當的拒絕，對方是能夠接受的。

3.要注意拒絕他人的語氣：在生活中，有些人難以開口拒絕，原因是害怕因為拒絕會導致人際關係破裂。其實，拒絕不一定對人際關係不利。在拒絕他人時，採用適當的語氣，對方是可以理解和接受的。

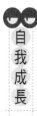

不善於拒絕，往往就會接受一些別人對你並不利的要求，而接受了這些要求後，真正吞下苦果的還是你自己。

12 想沒有距離卻製造了距離

每一個人都有自己的私人空間。一些人在交朋友時，為了拉進相互間的距離卻不自覺地干擾了別人的私人空間。結果，彼此的距離變得更遠了。

俊翔是某大學大一學生。最近，他陷入了人際關係的困擾之中。他努力交朋友，儘量與每一個人搞好關係，但他最親密的朋友建成卻宣佈與他絕交。

剛開學時，俊翔比較活躍，積極與大家交朋友，主動去幫助別人，很快獲得了別人的認可，結識了很多朋友，建成是其中的一位。

由於來自同一個地方，又有著同樣的愛好，俊翔對建成尤其有好感。只要有建成出現的地方，就會有俊翔出現。而且，只要建成需要別人幫忙時，最先主動幫忙的人必定是俊翔。有人開玩笑說，建成的影子就是俊翔。

一開始，建成覺得沒有什麼，俊翔也樂此不疲。但是時間長了以後，建成便有些煩，因為俊翔老喜歡跟著自己，甚至自己與老朋友聚會時，他也要參加；與女朋友約會時，他也不迴避。更讓建成煩惱的是，他們兩人走得過於親近，讓其他的一些同學，疏遠了與他的關係，甚至有人傳言他們有「同志」傾向。為此，建成多次提醒俊翔，別與他走得太近，給他一點私人空間。但是，俊翔認為，自己對建成非常好沒有什麼不對的。

面對俊翔的「騷擾」，建成決定冷淡俊翔，儘量躲避一些。但是，看到兩人的關係在疏遠，俊翔便越想去接近建成，好鞏固他們兩人之間的友誼。

最後，建成實在是躲不過俊翔，只好當眾宣佈以後與俊翔絕交。俊翔聽到這些話後，覺得非常沒面子，深受打擊……

每一個人都有屬於自己的獨立私人空間，而且還會盡力保護自己的獨立私人空間不受侵犯。因此，在與人交往時，要搞好關係需要與對方拉近距離，但絕不能夠侵犯他人的個人空間。因為當你侵犯他人的個人空間後，他人會感覺到自己的行為受到了限制，感到自己缺乏獨立，自由受到了限制，進而產生本能的戒備心理和厭惡心理，更容易讓兩人的距離越來越遙遠。

在交際中，有時候「距離就是美」，相處的距離過近往往很容易引起內心的疏遠。俊翔所犯的錯誤就是如此。因此，與人交往需要拉近彼此的距離，建立友好的關係，但也需要保持適當的距離，以免引起對方反感。

自我成長

要避免類似錯誤，需要注意以下幾點：

1.要認識到距離就是美：人與人交往有時是建立相互欣賞的。如果距離過近，就容易產生「審美疲勞」，容易看到對方的不足，進而失去相互間的吸引，導致關係疏遠，而保持適當的距離不僅保持彼此間的吸引，更可以保持良好的關係。俗話說「小別勝新婚」就是這個意思。

2.尊重個人空間：每一個人都有自己的私人空間，也不願意別人侵犯自己的私人空間。因此，不侵犯他人的私人空間是非常必要的。

3.要注意他人的情緒變化：在與人相處時，有時難免會不經意間侵犯他人的私人空間，引起他人的不快。此時，如果不注意對方的情緒變化，一味兒想辦法接近對方，那麼當然會引起對方的反感，如果及時反省自己的行為，那麼尚可及時發現錯誤，進而能夠維持良好關係。

不注意與他人保留適當空間，就往往容易侵犯他人的私人空間，進而引起他人的反感，使本來很友好的關係出現裂痕。

13 不懂分享，有痛苦只好自己扛

有快樂時，分享給別人一點，一個快樂變成兩個快樂；有痛苦時，與人分擔，一個痛苦變成半個痛苦。但很多人不願意把自己的快樂與人分享，結果，他們想找人傾訴時，卻無人願意分擔他們的痛苦。

小琴最近情緒不好，一直想找人傾訴一下。她覺得自己的好朋友小娟最可靠，便去找她聊聊。但是，小娟不願意聽她傾訴。小琴說小娟不夠朋友，小娟卻意外地說小琴：「妳才不夠朋友呢，還說別人！」

小琴吃了閉門羹，內心非常痛苦，為什麼自己最希望得到朋友安慰時，朋友卻變得冷冰冰的？原來，小琴讓小娟覺得不夠朋友的事，就是上次發獎金後，沒有請客。

小琴和小娟在同一家公司工作，是知心朋友。小琴工作非常努力，獲得了公司上下的好評。在年終評比業績時，小琴被選中了特等獎，獎金數字要高出小娟她們一倍。當時，小琴沒有主動把消息告訴小娟。

小娟得知後，就與其他幾個好友一起找到小琴：「呵呵，得了個特等獎，比我們的獎金多一倍，還躲著不吭聲呢！請客，請客！」

小琴笑了笑，沒有立即表態。

過了一會兒，她記起了晚上有人請她吃飯的事情，便說：「請客，可是我沒時間啊，今晚有人請我吃飯！再說啊，才一點點獎金而已，請什麼客啊！下一次再說吧……」

小娟以為是答應下一次找時間再請她們，就沒有再繼續鬧要小琴請客。誰知，小琴後來便一直沒有再提這件事。

有一天，小娟實在忍不住問了小琴：「哪一天請我們啊！」小琴沒有聽明白，說：「什麼啊，誰說要請你們的？」小娟一聽，說了一句「吝嗇鬼」便不再理會她。

從此以後，小娟便不再把小琴當知心朋友了，能不與她打交道的，儘量不與她打交道，小琴找她聊天一概不理會。

分享是一種快樂，因為你的分享行為能讓別人也變得快樂；分擔也是一種快樂，因為你的分擔行為能夠讓人減輕痛苦。但是，分享和分擔是相對應的。只有願意與他人分享快樂，他人才願意幫你分擔痛苦。不願意讓人分享你的快樂，而想讓別人幫你分擔痛苦是不可能的。

自我成長

要避免犯不願意與他人分享的錯誤，就需要注意以下幾點：

1. 要認識到分享是一種快樂：與他人分享後，快樂就會傳遞給他人，變成無數個快樂。

2.有開心事情時要主動與他人分享：在交際中，要想獲得良好的人緣，主動讓他人分享自己地快樂，是非常有效的方法。

3.在朋友痛苦時，主動幫朋友分擔一點：在朋友痛苦時，盡自己的一點力量，從物質上或者從心理上給予一點點幫助，不僅可以幫助朋友渡過難關，還可以給予朋友恩惠，讓朋友今後有快樂願意與你分享，讓朋友在你痛苦時願意主動來幫你分擔。

不願意與他人分享快樂，就沒有人願意幫你分擔痛苦。

14 別漠視別人的恩惠

我們無時無刻不在接受著別人的恩惠。但有些人卻對他人的恩惠視而不見。結果，他們不知不覺地把自己置於了無情的境地，不僅自身被人看成是無情的人，而且別人對他也很無情。

小峰是家裡唯一的男孩。他大伯和叔叔都沒有兒子，而且受傳統重男輕女思想影響較深，因此都對他特別好，視為自己的兒子。於是，小峰在家裡面很受寵。大家無不爭相寵著他。

但是，生活在愛裡的小峰，並沒有被愛感化，而是慢慢變得非常自私。他喜歡吃的東西，沒有他允許，誰都別想嚐一點，包括他妹妹也不行。

很快，小峰長大成人。他的姐姐妹妹也不再像以前一樣，什麼東西都讓著他，寵著他。但小峰依然認為自己理所當然地被大家寵的，依然自私，對姐姐妹妹還是很霸道。

有一次，他姐姐和男友一起來看他，給他帶來了禮物。小峰看到禮物不是自己喜歡的，就大聲斥責他姐姐「豬頭」，並把禮物丟到旁邊去了。

禮物是小峰姐姐的男友買的。因此，小峰姐姐的男友見到此情景，便以為小峰是衝著他來的，心裡很不舒服。

他問了一句：「大家是哪裡得罪你了！」

「看到你們就煩！」小峰非常不客氣地說，「看到你們這些人就有氣……」

小峰姐姐的男朋友理智再也控制不住，便狠狠地揍了小峰一頓。

每一個人都不同程度地享受別人的恩惠，漠視別人的恩惠就是對別人付出的否定，就是拒絕別人再次給你恩惠，將自己陷於無情的境地。而且，有時候漠視別人的恩惠，還可能傷及別人的面子，因而激怒對方，促使對方用無情的方式對待你。因此，一個漠視他人恩惠的人，必將是一個缺乏愛心的人，必將是他人難以接受和喜歡的人，必將是做人失敗的人。

這個世界上沒有無緣無故的愛，他人給你恩惠，是他人重視你的表現，是看得起你的表現。

如果你以冷漠的態度對待，那就是看不起他人，看不起自己。一個看不起別人，看不起自己的人，能夠成功嗎？而且連別人對你的恩惠都漠視，都拒絕，那別人也只好不理會你或者採用無情的方式對待你了。

自我成長

一個人要想避免犯「漠視他人恩惠」的錯誤，需要注意以下幾點：

1. 要培養自己的感恩意識：只有具備了感恩意識，對人們感恩，才能夠比較容易建立良好的人際關係。而且有感恩意識到的人，遇到了別人對他施恩，他往往就能夠以湧泉相報。

2.要培養自己的愛心：有愛心的人往往會主動去關愛別人。當別人對他有恩惠時，他將更加會用自己的愛心，去感恩對方，不會去漠視別人給予他的恩惠。

3.要禮貌待人：在為人處世時，要想做人成功，就需要學會禮貌待人。養成了禮貌待人的習慣後，就不會發生漠視別人恩惠的事情。

漠視別人的恩惠就是對別人付出的否定，就是拒絕別人再次給你恩惠，將自己陷於無情的境地。

15 說話太絕情，想和好難為情

古人云：話到嘴邊留三分。就是說話要留情面，給自己留後路。但有些人在對別人說話時絕情，結果發現自己錯了後，想與對方和解關係，卻覺得難為情。

小麗是個自尊心很強的女孩，但她卻「很倒楣地」跟幾個「沒教養」的人做了同事。這些人舉止隨便，嘻嘻哈哈，小麗很看不慣她們。因此，小麗從不給她們面子，對她們說話也毫不留情。

有一次，天空正下著雨，一個女同事想出去辦點事，忘記了與小麗打招呼，拿起了小麗的傘就走。

小麗心想：「怎麼招呼也不打就拿人家的東西，太欺負人了！」

她勉強忍住生氣，叫住了那個女同事說：「妳好像拿錯了傘吧？」

那個女同事卻回答說：「我忘了帶傘，先借妳的用一下。妳的傘這樣漂亮，借用一下心情也特別好啊！用美女的傘，我感覺到自己也是美女……」

「別來這套，妳好像沒跟我說『借』字……」小麗沉著臉說。

但是，那個女同事還是沒有太在乎她的表情變化，繼續地說：「哎喲，還用得著說『借』字嗎？我的東西還不是誰愛用就用？不就是用一下傘嗎……」

小麗冷冷地說：「借我的東西就得說『借』，我不同意，誰也不准拿，世上哪有像妳這樣借的嗎？是偷拿偷慣了吧！……」

那個女同事的臉頓時有些掛不住，便放下傘走了。從此以後，小麗的處境發生了很大的改變，那幾個同事再也不願意理她，不知情的主管經常提醒她注意處理同事關係。

後來，小麗也覺得自己說話過分，想與她們和好，但是總覺得難為情，自己對她們那樣絕情，她們會原諒自己嗎？最後，她只好辭去工作，去尋找另外一個發展環境了。

話到嘴邊留三分，說的就是說話要給自己留情面、留後路。因為說出的話如潑出的水，說話不留情面、太絕情，以後即使發現自己錯了，想反悔也沒有臺階可下，也會處於情面原因不得不與對方敵對下去。

有時說話是難免帶有一定情緒的，難免有考慮欠周祥的，說話太絕情能解一時之氣，但是事後卻沒有和解的餘地，和好就意味著自己認錯，自己面子上過意不去，不和解，又只好繼續仇視下去，以致自己的敵人越來越多，不利於自己成就事情。此時，他們會因一時的錯誤，導致自己進退兩難。試想，如果說話留三分，留有餘地，事後想與人家和好也不會難為情，也會有臺階可下了。

自我成長

要避免犯下小麗類似的錯誤，需要注意以下幾點：

1. 給自己與對方臺階下：無論與他人發生任何衝突，說話時都需要留三分。寬家宜解不宜結，雖然一時有誤會、衝突、利益之爭，但是日後還是可能有打交道的機會。

2.給人面子，給自己面子：每個人都希望別人給自己面子，但是，不給別人面子，別人又怎麼會給自己面子呢？因此，在與他人出現衝突、誤會時，適當的給對方面子，給對方臺階下，對方也可能會因此給你面子的，這樣此後要和好就不會傷及雙方的面子。

3.得饒人處且饒人：與人發生衝突時，不是死仇就沒有必要「窮追猛打」，得饒人處且饒人，今後和好的機會就會多得多。樹立死敵，只會對將來成就事業不利。

對他人說話太絕，是不給他人面子，不給自己留後路的行為，只能把自己和對方逼入死敵的境地。

16 心浮氣躁，簡單的事情也做不好

很多事情看起來很簡單，但做起來卻並不容易做好。這不是做事者的能力不足，而是因為他的心態浮躁，無法靜心去做所導致的。這是不少人容易犯的類似錯誤。

在公司裡，小宇是某知名大學畢業生，幹勁十足，但經理卻並不看好他，讓他感到很鬱悶。原來，小宇心態浮躁，大事做不來，小事不願意做。經理曾經安排他做了幾件事情，本來很簡單，但他總是做得不好，讓經理很不滿意。

一天，經理交代給小宇一個專案，要他單獨完成。他覺得這個專案比較簡單，對自己的能力來說完全是「小事一件」，便沒有放在心上。但在做的過程中，他發現這個專案瑣事太多，讓人暈頭轉向的，情緒便一下子變得惡劣起來了，而且越做心情越煩。

結果，小宇做出來的專案漏洞百出，只要瞄過一眼，隨處都可以發現存在的錯誤和不足。經理給他指出了幾點後，他感覺到窘迫，但內心還是不服氣，就那一點小事難得倒我嗎？只要我稍微注意一點就搞定了。

後來，經理又給了一次機會，要小宇帶人去實施一個新的方案。小宇一心想快速做出成效，對一些必要的小細節不加注意。結果，由於懷著浮躁的心態做事，他遠遠沒有達到策劃方案預期的效果，反而給公司帶來不小的損失。

從此以後，經理就不再輕易給他機會了，而小宇也過得越來越鬱悶。

現代社會是一個比較浮躁的社會。每一個人都希望自己能夠做最少的事情，取得最大的成就，每一個人都希望自己能夠不用做一些繁瑣的小事情，直接能夠去做大事情。但是，成就任何一件大事情，都必須從踏踏實實地做好每一件小事為基礎。做人心浮氣躁，無論是大事還是小事，都會因浮躁而做不好。

每一個人都不可避免地要處理很多小事情。如果心態浮躁，不踏踏實實地去做小事情，就會像小宇一樣，想做大事情結果連小事情也做不好的。因此，要想成功做人，就需要克服自己浮躁的心態。

自我成長

要想避免心浮氣躁，連小事都做不好的錯誤，需要注意以下幾點：

1. 認真對待每一件小事：細節決定成敗，要成就一件大事，就必須要做好很多小事。

2. 做事要踏實：在現代紛雜的社會，做事不踏實的人，往往容易心態浮躁。而且，萬丈高樓平地起，只有踏踏實實地做好了每一件小事情，鍛練了各種能力，才能夠具備做大事情的能力。

懷著浮躁的心態做事，許多簡單的事情也會變得複雜難辦。

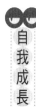

17 多疑多慮，自找痛苦和麻煩

對某些事情有疑慮是必要的，這樣可以促使更多的思考，可以透過現象看本質、更接近真理。但是，有些人卻過分多疑多慮，導致原本很簡單的事情在他們眼裡變得複雜，進而自找痛苦和麻煩。

王欣和王麗是孿生姐妹，親密無間地共同經營著一家花店。

有一天，姐姐王欣將五百塊錢放進收銀機後，便為一個客戶送花去了。當她回到花店裡時，她發現收銀機裡的錢不見了。

王欣問王麗：「妳有沒有看見收銀機裡的錢？」

王麗回答說：「沒有啊。收銀機裡面根本沒有錢。」

王欣說：「錢不會自己跑掉，難道妳真的沒看見。」語氣中帶著強烈的質疑意味。王麗還是回答沒有。於是，她們姐妹之情就變得微妙起來。

她們開始是不說話，後來決定分開經營花店——將原來的花店一分為二。由於她們在心裡存有芥蒂，又是同行生意，相互之間的關係越來越僵，不時出現爭吵。兩人過得都不快樂。

幾年後，一個人來到了花店，跟王欣講起他曾經落魄到幾天沒吃飯，趁這家花店裡沒人，拿走了收銀機裡面的五百塊錢。多年來，他心裡不安，一直想找機會來請求原諒……

此時，王欣才意識到自己對妹妹王麗多疑了，錯怪了她，給彼此的生活帶來了煩惱和痛苦……

多疑的人心胸狹窄，固執己見，動不動就捕風捉影地胡亂猜疑別人，懷疑了許多本不該懷疑的人和事，也相信了許多本不該相信的人和事。對於做人來說，多疑多慮是一把雙刃劍。

在學習和研究時，貴在多疑多慮，因為多疑可以發現問題，可以從更深層次去認識某個問題，發掘其內涵；而在做人時，忌在多疑多慮，因為多疑多慮，容易導致相互猜忌，製造彼此的心理距離，甚至使人因為一點小誤會造成大隔閡，以致做出錯誤的決定

自我成長

要避免犯王欣類似多疑多慮，最終給自己的人生帶來痛苦的錯誤，需要注意以下幾點：

1. 要與人坦誠相待：坦誠相待是消除相互間疑慮的重要手段。大家都坦誠相見，就可以減少多疑多慮發生的機會和頻率。

2. 多與他人交流溝通：溝通是消除一切誤會的最佳手段。經常與對方溝通，就可以較清楚地瞭解對方的為人，進而減少一些不必要的疑慮。

3. 以寬闊的胸襟對待他人：與人交往要多往陽光方面想，少往不好的方面想，

相信他人的人品，相信自己的決定，不要多疑多慮。

4.要相互信任：很多情況下，多疑多慮是因為相互之間缺乏信任造成的。在做人時，要想不犯多疑多慮的錯誤，樹立自己良好的信譽，考查對方的信譽，就可以減少很多不必要的疑慮。

多疑多慮是存在誤會、做出錯誤決定的重要原因。

18 貪心過頭，吞不了象反被撐死

在遇到好事時，好了要求更好是人的本能。但如果面對好事，起了貪心，就往往會出現「吞不了象反被撐死」的慘局。

老劉是個彩券迷，不管是何種彩券，老劉看到了總會買個幾注。

老劉開始買彩券時心態很好，認為僅僅是個人愛好，中了獎更好，中不了就當一種娛樂吧。因此，他雖然買了很多期彩券，只是偶爾中一個小獎，也怡然自樂。

有一次，老劉買彩券時，中了三獎，雖然不是特獎的五百萬，但這一中也有三十萬進帳。三十萬可是自己幾個月的收入啊。想到了這些，老劉就免不了有些激動，逐漸產生了對五百萬的野心。

大本大利。於是，一心想中五百萬的老劉就當自己從沒有中過獎的，把中獎的三十萬元全部又拿出來買了彩券。

結果，幸運之神沒有再次照顧他，起了貪心的老劉，並沒有再繼續中獎。他買的每一期彩券都與頭獎擦身而過。最後，他不僅把那三十萬全部花光，還把自己的存款都拿出來買彩券。直到現在，老劉還深信自己離中大獎只有一步之隔，還不斷地到處借錢買彩券。

對於很多人來說，見好就收確實不是容易做到的事情。因為每一個人都有不滿足的心理：好了要求更好。因此，遇到意外的好處時，就非常容易激起內心的貪欲。結果，由於貪欲熏心，往往是越貪最終越實現不了願望，甚至還要為了自己的貪欲付出更大的代價。

一個人在遇到意外好處時，需要正確審視實際情況見好而收，而不能一味兒貪，因為在貪欲薰心的情況下，往往難以實現期望的。

自我成長

要想避免犯下貪心過重的錯誤，需要注意到以下幾點：

1.見好即收：好運不常伴。我們可能有一個偶爾的機會，獲得了意外的好處。但並不能意味著自己從此都是好運，還能夠繼續獲得意外的好處。因此，遇到了意外的好處時，如果不能做到見好即收，那麼往往會因為自己的貪心，最後落了個慘局。

2.居安思危：古人云：居安思危，思則有備，有備無患。人在順利時，尤其是在獲得了意外的好運時，往往會由於意外的驚喜而興奮，喪失理智的控制，最終產生貪心。而此時，一個人能夠「居安思危」，那麼就會理智地去對待意外的收穫，進而抑制自己貪心的產生。

3.要充分認識到貪欲的不良影響：生活中，很多事情都容易因貪欲導致慘劇，好事變成壞事，樂極生悲。如果能及時認識到貪欲的不良影響，那麼就可以有意識地去抑制貪欲，進而避免類似事情的發生。

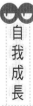

當你的雙眼被貪欲蒙蔽後，你將會失去理智，容易不知不覺的陷入了慾望的陷阱中。

19 過分要求完美，不傷心也很累

追求完美是人類進步的動力。但是，人無完人，金無赤足，不顧及實際情況，過分地追求完美，往往導致的不是傷心就是累。

萌萌是某著名學校研究所畢業生，也是學校有名的大美女。但是，到現在她都三十五歲了，還沒有找到愛情歸宿，依然單身一人。

在大學期間，萌萌不乏追求者。在追求她的人之中，就學歷來說，有專科生、本科生、研究生、博士生；就長相來講，有長得高大英俊的，有長相一般的；就年齡來講，有十七、八歲的小夥子，有五十多歲的成功人士；就家庭背景而言，有農民子弟，有政商名流，還有腰纏千萬的富翁……但是，這些人都不符合她的標準。不是長相不行，學歷太差，或是缺乏幽默感，或是缺乏財力，或是不夠成熟。

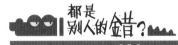

經過多年不斷地選偶，她越選越傷心，感覺「好男人都消失」了。而她的一些追隨者都紛紛望而卻步，轉向其他的目標去尋找中意的人。

萌萌每天工作回家後，感覺到很累，渴望找一個人依靠。但是，身心俱疲的她為了尋找完美的愛情，已經不知不覺地失去了自己的青春。

面對生活，萌萌除了累以外，免不了抱怨「愛情令人傷心」。

追求完美是一個人進步的動力。每一個人都會去追求自己心目中的那種完美。但是，世界上不存在真正的完美，只可能存在相對的完美。如果事事要求百分之百的完美，那麼他的內心就非常容易受到創傷，最後覺得累。因為忙碌去追求，最終的結果只能是水中撈月，竹籃打水。

在生活中，還有不少類似萌萌一樣的佼佼者，因為自己過分追求完美，最終苦苦追求後，只剩下一顆勞累和受傷的心。

自我成長

要想避免犯類似的錯誤，需要注意以下幾點：

1.認識到完美是相對的：在這個世界上，沒有絕對的真理，更沒有絕對的完美。完美只是相對的。因此，對任何事情要求過於完美只會使目標變得不切實際，無法實現。

2.正確認識自己：只有對自己的實力做出正確的評估，才能制定適合於自己的標準，才可能獲得成功。

3.保持正確的心態：人無完人，無論是要求自己還是別人，都要認識到這點，這樣才不會對自己、對他人過於要求。

過於追求完美，只會把自己逼入成功的死角，無法發展。

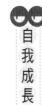

20 沒有監督就違規，受到懲罰自己受罪

有些規則是有人監督的，有些規則是沒人監督的，有些規則是有強權來支援的，有些規則是沒有強權支援的。有一些人缺乏紀律意識，在沒人監督的情況下，就會因為便宜行事而違規。

老陳今天早上外出買菜時，被車撞傷了，正躺在醫院搶救。員警正在忙著調查取證，以確定誰要負主要責任者。

調查結果出來了，老陳是事故的主要責任者。因為他被車撞的那一刻，路口顯示的是紅燈。因此，按照相關規定，開車司機是不負主要責任的。

為什麼老陳會出現這種倒楣的事情呢？原來，老陳有一個不好的習慣，就是只要沒有人監督的地方，他都會方便行事。過馬路闖紅燈是經常的事情，到銀行、商店去，只要沒人現場監督，他也會前去插隊，或者毫無顧及地講話。別人認為這是沒素養的表現，但老陳卻認為自己靈活，沒人現場看管，自己「靈活一點」，過得自由灑脫一點，也沒有犯法。

老陳早上出去晨跑時，都會順便到十字路口那邊的市場去買一點菜。因此，他每天都會從十字路口經過。

老伴提醒他過路口時要看紅綠燈，他總是認為，看紅綠燈沒有什麼硬性規定，只要汽車沒有擋道，自己見縫插針地走過去，會更方便一些。等在那裡看著紅綠燈，放棄路面沒車的機會不過去，是傻子才願意幹的事情。

現在，老陳被車撞了以後，又被判為主要責任者，真是得不償失。

在生活中，遵從某些規則表現出一個人的紀律意識。一些紀律意識強的人，在某些場合雖然沒有監督，沒有人現場強制要求必須服從規則，他們也會自覺地遵守規則；而一些沒有紀律意識的人，則顯得很實用主義，有人監督、有人強制執行，就會去遵守規則，沒有的話，就是自己想怎麼方便就怎麼方便，視紀律和規則為無物。結果，他們實用主義的行為往往難免遇到遭受「懲罰」的時候。

老陳在做人時「很靈活」、「很實用主義」，在一些要求人們自覺遵守規則的場合「方便行事」，結果不幸被車撞傷，而且還落個自己負得主要責任的結果。老陳遇到了這件事情，不是他倒楣，而是他漠視紀律，養成沒有監督就禁不住要違規的習慣決定的。

一個人犯了類似老陳的錯誤，不僅容易受到傷害和懲罰，還容易使自己的形象受損，被他人誤認為是一個沒有素質的人，想獲得別人的尊重，想獲得成功就比較困難了。

自我成長

要想避免犯類似老陳的錯誤，需要注意以下幾點：

1. 注重培養自己的紀律意識：紀律不僅僅指看得見的那些規則，還是一個人思想意識的反映。紀律意識強的人，就不會因為不存在監督而大膽去違規的。而相反，紀律意識單薄的人，則在沒有監督時就容易去違規，便宜行事。

2.多學習一些相關的法規知識：法律法規是現代生活中不可缺乏的知識，如果缺乏必要的法律法規知識就容易違反，最終受到懲罰。

生活中很多法律法規是沒有人現場監督的，如果因為沒人監督就去違規，那麼最終還是難以逃脫相應的懲罰。

21 好了傷疤忘了痛，舊痛又會來相逢

每一個人都免不了老犯著這樣或者那樣的錯誤。但並非每一個人都不會去重複同一個錯誤。有的人好了傷疤忘了痛，結果往往導致犯同樣的錯誤。

「因走私罪、偽造公家機關文件罪，數罪併罰，決定判處有期徒刑十七年……」

令人驚訝的是文彬這次是「第二次」，而且犯的是同樣的罪行。

文彬在順利收穫「第一桶金」後，便成立了自己的公司。當時，他發現一位老

闆的「生財之道」是走私漁貨，便也現學現賣，偷運了一批漁貨來賣。但是，他很快就被有關部門查獲，遭到了一百萬元的罰款，使得剛剛略有起色的公司一下子就瀕臨著破產。為此，文彬提出了申請和保證，願戴罪立功。這樣，文彬的公司在多方幫助下，得以延續下來了。

按照常理，法律此時已經為文彬敲響了警鐘，他應該是不會再次去冒險走私的。但是，文彬並沒有從自己違法犯罪的事件中獲取教訓。過了幾年後，他看到生意場上某些朋友走私賺了不少錢。在金錢的誘惑下，他又再次以身試法，做起了走私生意。

為了做走私的生意，他偽造了很多相關證件，獲得了短暫的安定。但是，法網恢恢，疏而不漏，他很快就遭受到了法律的制裁，也不得不再次重溫牢獄生活。

有些人在遭遇困難時，能夠三省其身、臥薪嚐膽，但是一旦危機過去，他們又會恢復到老樣子，想當然地認為天下沒有那麼巧的事，同樣的劫數肯定不會再發生了。結果，他們卻還是遇到了相同或者相似的遭遇，遭受與舊痛類似的痛苦。

事實上，一個人所遭遇到的任何問題都是成長的「營養劑」，只要善於從中吸取教訓，就能減少重複犯錯的機會，更穩健地向成功靠近。因此，人要成功就需要經常反省自己的所作所為，不能在同一個地方摔倒兩次！

自我成長

要避免錯誤，需要注意以下幾點：

1. 要培養自己的反省能力：對於人來說，不犯錯誤是不可能，犯了錯誤只要及時總結教訓，及時反省，就往往容易獲得成功。而沒有反省能力，不及時反省自己的所作所為，就會不斷重複自己的錯誤。

2. 消除僥倖心理：許多人認為，天下沒有那麼巧的事，同樣的劫數肯定不會再發生了。於是，他們就會抱著僥倖心理去做某件以前犯過錯的事。結果，還是免不了犯同樣或者類似的錯誤。

好了傷疤忘了痛，就往往容易在同一個地方摔倒。

22 迷戀賭博，越想贏輸得越多

人一旦奢靡放蕩生活，賭性就特別容易滋長起來，最終形成賭癮：贏了想贏得更多，輸了更想拼回本。其實，形成賭癮是做人過程中比較容易犯，且比較嚴重的錯誤。因為賭博成癮後，越想贏就往往輸得越多。

田輝曾經是赫赫有名的老闆，靠油廠累積而來的資金成立了兩家企業，是早期致富的富翁之一。但是，田輝沉迷於賭博後，他的命運就此改變，最終在澳門賭博狂輸二千多萬元後自殺了。

一次，田輝在公司覺得閒來無事，便與員工打打牌。一開始，他們玩的是一塊錢一盤。接下來便玩五塊、十塊、一百塊。這樣，他的賭性瘋漲起來了，賭注越來越大，賭癮越來越大，甚至到了一日不賭渾身都不舒服的地步。染上賭癮後，田輝無心管理公司，並開始賭起了大錢。後來竟發展到帶著錢去外地賭。

到了澳門「見識」了後，他更是一發而不可收拾。他一次次帶著鉅款到澳門的頂級賭場賭博。雖然逢賭必輸，但嗜賭如命的田輝，抱著「一定要把錢贏回來」的心態，一次次加大賭資「翻本」。

最後，田輝在輸光了身上所有現金之後，感到徹底失望的臥軌自殺了。

賭博之所以成癮，是因為它有很大的誘惑力：手氣好時，錢如流水般滾進自己的錢包，即刺激又威風八面、得意非凡，而且不像其他工作一樣，要勞動才能夠賺錢；手氣背時，更是欲罷不能，總希望奇蹟出現，一舉扭轉乾坤。因為賭能讓人喪失理智，越來越沉迷，對沒有任何根據的「贏」抱有一種不切實際的幻想。

正是如此，染上賭癮的人就像掉在泥潭裡一樣，容易越陷越深。當他們「贏」了時，他們會毫不猶豫地認為自己的選擇是對的；當輸了後，他們還非常執迷不悟，堅信自己只要堅持下去，就能夠翻倍贏回來。就這樣，贏了想贏得更多，輸了的永遠想不斷地下注。

田輝在賭場上屢賭屢輸，又屢輸屢賭，是一種不勞而獲的「贏錢」思想意識作怪。也正是這種賭的意識，導致他做人不再理智，做人不再思考責任和後果，懷著不甘的心情想去「一舉扭轉乾坤」。結果，他在輸光後，覺得做人失敗，便不負責任地死去了。而他的妻兒，他公司裡的員工，都將因他而受到一定的影響。一個人僅僅為了滿足自己的賭性，影響妻兒及他人的生活，這不是一種失敗嗎？

自我成長

每一個人都有一定的賭性，但這種賭性是可以控制的。在通常情況下，人的賭性因受到環境、經濟條件、道德等因素的影響，只是潛在，能夠受到人意識控制的。要想不養成賭博的習慣，犯下「越輸越想賭」的錯誤，採用一些正確的方法就可以避免。

1. 消除不勞而獲的思想：不相信僅憑賭博能夠實現自己發財的夢想。

2.約束自己：管好自己的錢財，多想想自己輸的情況，不要過分自信「運氣之神」寵愛自己。

3.遠離賭博現場：少與沉迷於賭博的人交往，充分認識賭博對個人、家庭以及它帶來的危害。

賭場無贏家。沒有誰只贏不輸，只有人越想贏越輸得慘。

23 以貌取人，眼睛長在頭頂上

人不可貌相，海水不可斗量。但是，很多人卻喜歡以貌取人，根據人的外貌服飾來判斷其身分，結果他們往往看人不準，最後後悔不已。

小麗和小芳是某房地產公司的銷售人員。她們每天的工作就是接待客戶看房，幫客戶解決疑問。

小麗聰明伶俐，喜歡對買房人進行分類——開進口車來看房的人，購買房子的可能性有多大；開國產車來看房的人，購買房子的可能性有多大；坐捷運來看房的人，購買房子的可能性有多大；坐公車來看房的人，購買房子的可能性有多大等等，時間長了後，她總結出來一點規律——從來看房者所開的車來判斷對方買房的可能性最準——開的車越高級買房的可能性越大，坐計程車和騎機車來看房的，幾乎沒什麼會成交。於是，小麗看到看房人的交通工具層級太低，她就懶得去接待，免得白費口舌。小芳卻不一樣，每一個來看房的客人，她都非常熱情地接待，耐心解答每一個疑問。

有一天，小麗和小芳與其他同事在一起聊天。外面來了一個騎自行車的人，戴著鴨舌帽，樣子像一個工人。小麗和其他同事往那一個人看了一眼，便低下頭裝作很忙的樣子。她們想，一個買不起的工人來看這樣貴的房子，那只是浪費她們的解說時間。但如果她們有看見那個人卻不接待，那也是很不合適的。就乾脆裝忙，省得要去理會他吧！

不過小芳仍然熱情地去接待了那個「工人」。結果，那個「工人」其實是一位大老闆，在該市經營苗圃。他剛才在苗圃視察時，聽說這裡的房子不錯，就臨時借了手下工人的一輛自行車來了。那個「工人」看了看樣品屋，就當即買下了一層，並簽下了合約。

小芳由此獲得了豐厚的獎金，而小麗卻為自己看人走眼而後悔不已。

以貌取人是做人最容易犯的錯誤。無論是一些傑出的人才，還是普通老百姓，都容易從一個人的服飾、氣質等去判斷對方的身分，去判斷對方的購買能力，並對自己看得上的人重視，而對自己看不上的人視而不見，不管對方的真正身分是什麼，不管對方的真實購買能力如何。就一般情況而言，這種看人的方法誤差不大，但一旦看走了眼，往往就容易後悔不已。因為每一個人的消費習慣不同，不免存在一些「很普通的傑出者」。

在人際交往中，第一印象重要，但絕不是他本人完完全全真實的反映。有的人注重打扮，注重言談舉止等方面的形象，而有的人則對這些比較隨便。在為人處世時，如果僅僅透過對方的衣著打扮就斷然判斷對方的實力和地位，並且根據自己的判斷，對對方採取相應的態度，遇到衣著光鮮的就積極熱情，衣著不入眼的就冷言冷語，態度冷淡，那麼，他做人就不夠成熟，就難免看人看走眼。因為真人不露相，很多有實力的人不喜歡在穿著打扮上下功夫，而是喜歡把時間和精力更多地用在如何創業、實現成功上。遇到這類人，以貌取人往往是會看走眼的。

自我成長

要想避免自己不知不覺地以貌取人，需要注意以下幾點：

1.平等地對待每一個人：每個人的人格都是平等的，應該平等地對待他人。真人不露相。你身邊一個看起來很普通的人，可能就是能夠對你的將來有著巨大影響的人。

2.熱情對待任何一個人：與人交往時，不管對方的衣著打扮如何，始終保持熱情，既是一種尊重，也是自己人格魅力的展示。當你對對方熱情時，對方會對你減緩戒備心理，向你展示一個接近真實的自我，進而有利於你正確全面認識對方。

3.提高自身認識：只有提高了自身的認識，瞭解了自身，才能夠更理智地去面對他人，避免犯下以貌取人的錯誤。

以貌取人的人，往往會因他人的外貌而無法看到真實的對方。

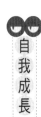

24 介入他人是非，必被是非纏身

是非是越理會越多的。但是，一些人在為人處世時，卻喜歡捲入他人是非，被是非纏身。

小艾在辦公室裡人緣不是很好，大家都不喜歡她，因為她愛出風頭，不僅喜歡談及有關同事負面形象的話題，而且喜歡捲入同事間的是非。在日常工作中，小艾每天都想表現自己，找不到表現自己的事情，就到處調查和宣傳某些同事的隱私。

因此，她和許多同事都發生過衝突。

小艾在公司裡很有背景，一些同事們不喜歡她、惹不起她，但「惹不起躲得起」，不是辭職就是請求調到其他辦公室去，極少數同事也仗著自己的背景，與小艾針鋒相對。因此，小艾愛介入他人的是非，也經常被是非纏身。

有一個同事叫小馬，在公司裡也有一定的背景，人緣比較好，而且人也長得風流倜儻，深受大家喜歡。不久，小馬喜歡上了公司另一個女孩。兩人有了戀愛關係後，在一起免不了有些吵吵鬧鬧。對於這些，其他同事都是「視而不見」，不介入他們的快樂與悲傷。但是，小艾卻經常為了那個女孩「主持正義」。

小艾的行為引起了小馬的討厭。剛開始，小馬還會給小艾一些面子，但後來就不願意再去「理會她」，只要小艾介入他的感情是非，就毫不猶豫地給予「回擊」。其他同事看到有人敢得罪小艾，也不再對她有所畏忌了，與她發生不快也不再讓著她。

就這樣，小艾與同事之間發生的是非越來越多。至此，小艾才感覺到鬱悶，請求調到其他部門去，不過，在其他部門的人也因她愛挑弄是非，而不願意理她。不久，她只好快快辭職。

有人的地方就存在是非，每個人都不可避免地會遇到一些是非。是非並不可怕，只要有正確的對待方法，是非很快就會消失的。在面對如何處理是非問題時，如下的一個寓言值得思考：

從前，有一個人在路途中遇到了一塊石頭。

石頭橫在路中央擋住了他的去路。他非常生氣，就朝著石頭踢了一腳。結果，石頭就變大了。於是，他又踢了一腳。石頭又接著變大。

最後，他不得不原路退回去。在回去途中，他遇到了一位老者，便把自己遇到的情況告訴了老者。老者笑著說：「不要理會它，悄悄繞過去，它就會消失得無影無蹤！」那個人按照老者的話去做，在遇到石頭時，便悄悄地往一邊躲去，石頭果然消失得無影無蹤。

其實，我們也會經常會遇到是非這塊「石頭」擋道的時候，如果不理會它，悄悄繞過它去，它也會消失得無影無蹤！如果去招惹是非，是非就會變得越來越多的。

自我成長

一個人要想避免自己陷入是非之中，需要注意以下幾個問題：

1. 不主動去招惹是非：是非是個馬蜂窩，捅不得。主動去惹上了是非，自己得不到什麼，卻為自己帶來了無窮無盡的煩惱。因此，不主動去招惹它是必要的。

2. 不要介入他人的是非：看到他人的是非時，一定要冷靜思考，不能盲目介入，更不能試圖去解決他人的是非。

越是理會是非，是非會變得越瘋狂，會變得越多。

25 看不慣就嘮叨，要嘮叨的事情更多

每個人都有心情不好的時候，也不可避免地會嘮叨幾句。但是，一旦養成了嘮叨的習慣，那麼需要嘮叨的事情會越來越多。因為越是苛刻地看待某事，某事「不合格的地方」就會越來越多。

林阿姨今年四十五歲，不知什麼時候開始了嘮叨的習慣。在日常生活中，只要遇到了一點小事情讓她不滿意，她就會唸不停。孩子「不聽話」，她嘮叨；老公下

班回家晚了，她嘮叨；甚至家裡面擺放某樣傢俱不合她的意，她也嘮叨。

一天，公司給她和另一位同事安排了一個任務，要求他們在當天下班以前根據相關資料，各自做一份詳細的市場調查報告。接到這個任務以後，那個同事就開始緊張地忙碌起來，並佔用了公司連接印表機的那台電腦。而她覺得做這個市場報告要參考的資料相當大，便先去查資料。

等了一會兒，她找完了資料後，便想要把資料列印出來。她要同事暫時等一會兒，自己用一下那台電腦。但是，那同事正在忙碌中，磨蹭了一會兒，沒有及時讓給她使用電腦。

由於事情緊急，她等不及，便開始嘮叨起來。她一會兒時間太急，一會兒說公司的設備太落後、太少。同事聽得很不耐煩，以致根本無法穩定情緒，專心寫報告。後來同事只好挪到一邊去繼續寫。林阿姨一下子又唸了起來，不停地嘮叨這，嘮叨那，一上午就這樣混過去了。

到了下班的時間，那位同事按時交上了報告，而林阿姨卻連一半都沒有完成。上司很不滿意，覺得她缺乏工作能力，便找了個理由把林阿姨調到了一個沒什麼發展機會的部門去了。

每個人難免遇到自己不滿意的事情，會因為這些事情覺得心煩。但是，心煩的時候不能一味兒嘮叨喋喋不休，而是應該冷靜下來，調整情緒。因為發牢騷也要分場合，知道什麼時候該發牢騷，什麼時候不該發牢騷，不能無所顧忌，遇到自己不滿的事就嘮叨，就會發現自己不滿的事情越來越多，需要嘮叨的也越來越多。而情緒是會傳染的，你的嘮叨還可能引起別人不好的情緒。此時，縱使別人不會當面反對你，也會對你產生一種厭惡的心理。

成功的人往往善於控制自己的情緒，明白什麼時候可以發牢騷，什麼時候不能發牢騷的；而失敗的人則往往不顧及別人的感受，不分場合隨意發牢騷，以致無意間得罪了很多人，為自己將來的成功製造了障礙。

要想成功做人，不被別人認為自己愛發牢騷，為人太刁鑽，難與人友好相處，以避免被人所孤立，最終成為孤家寡人，就需要改掉嘮叨的習慣。

自我成長

遇到看不慣的事情就嘮叨，對自己的生活和事業百害而無一利。要想成功做人，就必須要改掉和避免遇事嘮叨的習慣。以下是克服嘮叨的幾種良好的方法：

1.學會控制和調整自己的情緒：一般而言，遇事嘮叨是因為自己的情緒不好。情緒不好是難以避免的，但是不好的情緒必須要及時得到控制，否則，它會影響事情的成敗。

2.培養良好的心態：遇到自己不滿意的事情是難免的，但是以不同心態去對待，就會產生不同的情緒。如果以平靜、理智的心態去對待，就能平靜下來，再一步一步去把事情做好。

3.積極去尋找解決問題的方法：嘮叨是抱怨的一種，但嘮叨不能夠解決問題，反而會浪費掉解決問題的最佳時機。因此，遇到任何事情不要嘮叨，要迅速尋找解決問題的方法。

嘮叨不能夠解決問題，反而會浪費掉解決問題的最佳時機，是做人失敗的重要原因之一。

26 不虛心接受他人批評，難有任何長進

在生活中，別人批評你並不是為了批評而批評，而是希望你能夠徹底認識錯誤，從中吸取教訓。

光耀是一位技術員，大學畢業後加入工作沒多久，就因一件小事出差錯被老闆訓斥了一頓：「怎麼搞的，這麼一點事都做不好。這樣下去工作還能做什麼事呢？」

話雖然很簡單，但老闆的語氣嚴厲，態度強硬，讓光耀感到自尊心受到了極大

的傷害。他想頂撞幾句，但考慮到這年頭工作不好找，就壓住火氣，低下了頭。

不過，光耀的內心還是很不服氣的。老闆訓斥他時，他只是不吭聲，並不把老闆的話放在心上，事後依然我行我素，根本不明白老闆在訓斥他時，向他傳輸不了少專業方面技能和工作方法。

幾件事後，光耀不再在乎老闆的訓斥，聽老闆訓話時總是心不在焉。老闆訓也好、罵也罷，他只是低著頭，一聲不吭。臉皮也慢慢「厚」了起來。

後來，老闆發現自己對光耀說話不起作用，說了後光耀一點改進都沒有，便不再訓斥他，但也不再給他做某些事情的機會，後來還找了一個藉口，將光耀辭退了。

結果，光耀在職場混了多年後，到現在還只是一個普通的職員，業務能力都沒有什麼進步。

有過失、犯錯誤被批評，不是說對方不信賴你，而是對方就是因為信賴你，才批評你，才給你指出真實的錯誤和不足所在。有時雖然批評者的語氣難以讓人接受，但是他們心裡卻對你充滿了期望和信賴。

沒有人會批評他不關心的人，也沒有人會批評他看不起、認為無可救藥的人。因此，被人批評時，心裡雖然難受、委屈，但是要相信對方是為了你好，任何反感和反抗對自己將會帶來不利，除非對方故意找碴批評你。否則，你將會失去對方對你的信任，進而堵住了幫助自己找出不足的道路，導致自己難以從犯錯中長進。

想成功，就需要不斷找出自身的不足，避免自己可能犯的錯誤，而這需要別人真誠地指出。如果不虛心接受別人的批評，又怎麼能夠發現不足及有所長進呢？

自我成長

要想避免犯「不虛心接受他人批評」的錯誤，需要做到以下幾點：

1.以誠意感謝他人的批評：無論他人批評你的事情是否合理，都要認真傾聽，讓對方把話說完。等對方把話說完後，再仔細想想自己是否真的存在類似的錯誤。

2.充分肯定、感謝對方的好意：不管對方的批評是否合理，都要對他們的意見表示充分的肯定，至少在口頭上要如此。因為這樣可以表現出你接受批評的誠意。

3.要仔細考慮和分析他人的批評：他人的批評雖然並不一定有道理，但必然有一定的原因。在他人批評後，仔細分析回味對方的話，往往就能發現很多問題，尤其是自身的不足。把他人的批評當作耳邊風，不去思考和分析，當然是無法發現自身不足，也無法改正錯誤的。

他人批評你是他認為你有值得批評的地方，是他人渴望你進步的表現。聰明的人往往會善於利用他人的批評，從中發現自身的不足，進而改進自己，不斷成長進步。

27 注意自己說話的語氣

同一句話，不同的語氣，就有不同的意思。許多人在說話時，與人溝通不注意說話語氣，結果往往被他人誤解，造成很多良機從身邊溜走。

小張是一家電腦銷售公司的推銷員。他發現了一個潛在的客戶後，便多次打電話給這位客戶，並且開出很優厚的條件，但仍被這位客戶拒絕了。

幾天後，另一家公司卻一次賣了二十台電腦給這位客戶。

他百思不得其解，自己開出的條件這麼優厚，另一家公司是怎麼搞定這個客戶的呢？

他打了電話給那位客戶，請教他不買自己電腦的原因。

那位客戶說：「你們公司的條件確實不錯，但你在電話裡的語氣缺乏真誠的熱情，冷冰冰的。而那家公司的推銷員打電話給我時，他的聲音是微笑的，讓我感到他們是熱心為我服務……」

小張便找了個知心朋友，請對方提出自己的問題。

朋友想了想，便說：「其實也沒有什麼。就是你說話的語氣不太好，容易引起別人的誤解！」

語氣是表達意思的重要輔助手段。同一句話，不同的語氣，就有不同的意思。因此，在與人交往時，往往就容易因為說話的語氣導致誤解別人或者被別人誤解。語氣讓自己聽起來舒服的，就算對方說的並不是「友好的詞語」，也會認為對方對自己是真誠、友好的。

相反的，如果語氣聽起來不舒服，雖然對方說的是「友好的詞語」，也會被別人認為是對他們不友好，甚至是挑釁。因此，你需要注意自己說話的語氣。否則，被別人誤解往往會導致你難以獲得成功。

在社會交往中，溝通很重要。而每一個人都喜歡聽溫和的語氣，也都不希望對方用自己難以接受的語氣傳遞資訊給自己。因此，一個人要想成功做人，要想減少被他人誤解自己意思的時候，在與人交流時就必須注意自己說話的語氣。

自我成長

要想避免犯「說話不注意語氣」的錯誤，需要注意以下幾點：

1.重視語氣對表達意思的影響作用：語氣是表達意思的重要輔助手段。同一句話，不同的語氣，就有不同的意思。說話時不注意語氣，往往容易被別人誤解，導致自己與成功無緣。

2.與人交往時，注意語氣柔和：與人說話時語氣柔和，音量適中，語速適中，停頓恰到好處，表情達意清楚明瞭，簡明扼要，邏輯性強、層次分明，則不容易被人誤解。相反的話，就容易被誤解。

3.要善於適時變換語氣：在與人交談時，說話適當的變換語氣，可以強調自己說話的意思，可以增加語言的幽默色彩，進而製造更好的交流氛圍。而且，說話語氣單調往往缺乏說服力，讓對方感覺到你「虛情假意」而誤解你說話的意思。

同一句話，不同的語氣，就有不同的意思。與人交往時，說話不注意語氣，就容易莫名其妙地得罪人。

28 低聲下氣，失去尊嚴讓人看不起

與人交往時，無論對方貧富，地位高低，你與他在做人的尊嚴上是平等的，沒有必要為了達到某種目的而低聲下氣。因為這樣你失去了做人的尊嚴後，更會讓人看不起。但在生活中，卻有一些人為了實現某些目的，不惜對他人低聲下氣。最終，往往是既達不到目的，又丟了人格尊嚴。

智永剛進入某銷售公司，業績非常差。看到同事們的訂單簽了一單又一單，他心理非常著急，發誓一定要不惜一切手段把自己的業績提升上去，讓大家看看我智永也不是省油的燈。

經過一番努力，他終於聯繫上了一個客戶，而且是一個購買潛力非常大的客戶。這讓智永對自己充滿了希望。但是，他要見對方公司的老總，一個在企業界頗有聲望的人，與他交談後，才能夠確定最終能否簽單。

要見名人，自己可是從來沒有類似的經歷。一想到自己是個平凡人，普通的工作業績幾乎都排在最後，而對方的名氣那麼大，就覺得自己低人一等，也不免有幾分自卑。但是，這對他太重要了，他決定不惜一切手段搞定這個客戶。

在見那家公司的老總時，智永一走進那裝飾豪華的辦公室，就緊張得不得了，渾身打顫，甚至連說話的聲音都在發抖。他好不容易控制自己不再發抖，但仍然緊張得無法把一句話說完整。

老總看著他，感到很驚訝。

他佝僂著背，結巴似的說：「老總……，啊……我早就想來見您了……啊……我是來……為……你們公司……服務的……。」

最後老總看不慣他那種點頭哈腰的樣子，便很快打發他走了。

每一個人都有自己的尊嚴。與人相處時，只有自尊，維護自己做人的尊嚴，他人才可能把你當作人看待，才可能看得起你，與你交往。如果在他人面前低三下四，過於謙卑，往往容易被人看作是「奴才」，進而從內心看不起你，即使與你交往也是把你當作工具，而不會把你當作平起平坐的合作夥伴。當他們一旦確認只與合作夥伴合作時，你將會失去很多成功機會。

要重視自己的尊嚴，不能為了達到某些目的而低聲下氣，卑躬屈膝，這會讓人看不起。

自我成長

要避免犯在他人面前低聲下氣，做出有損尊嚴的事情，需要做到如下幾點：

1. 正確評價自我價值：每一個人都有自己存在的獨特價值。面對任何一個人，都不能因為自己不如他而忽視自己的價值，產生卑微的想法。否則，只會讓人更加看不起。

2. 為人處世不要太勢利、太短視：雖然有時低聲下氣可以促使自己解決某件事情，但尊嚴的喪失是難以收回的。一個人一旦失去尊嚴，不僅他人會看不起自己，自己也會看不起自己。而置身於處處被人看不起的環境中，要想獲得成功，阻力就會更大，更難以實現成功。

每一個人的人格尊嚴都是平等。以喪失尊嚴去獲得他人憐憫，進而達到自己的某中目的，只會更加讓人看不起。

29 驕傲自滿，是為自己設置成功的絆腳石

謙虛使人進步，驕傲使人落後。無論一個人的本事有多大，無論一個人取得了如何輝煌的成就，如果驕傲自滿，那麼就難以再次取得大成就，無法繼續向前進。因為驕傲自滿此時已經成為你成功的絆腳石，為你走向輝煌設置了很大的障礙。

志鴻從事化妝品推銷工作已經四年多了。在四年的推銷歲月裡，他從一個不諳推銷之道的毛頭小子，搖身成為一名推銷好手，建立了遍及全國的客戶網路，工作

業績連續幾個月都在公司的業績名列前茅。

由於他取得了如此輝煌的成績，老闆和同事們都對他讚賞有加，把他作為大家學習的榜樣。但是，隨著他業績高峰期的過去，他再也難以取得優異的成績，再也難以重登「英雄榜」。

是什麼原因呢？原來是他驕傲自滿。

有一天，志鴻去和一位新客戶商談生意很順利。回來後，他得意地對同事說：「哈哈，我今天碰到的客戶真好對付，三兩下就搞定了。」

志鴻的話讓大家大吃一驚，面面相覷，不知道該如何回應他的話。因為，作為一個銷售人員，如此對待客戶，是一大忌諱。

志鴻見同事們對自己「很服氣」，就更加得意洋洋了。過了幾個月後，志鴻的銷售業績果然一天不如一天，最後成為公司「英雄榜」上的倒數幾名。

驕傲自滿是一些獲得較大成就者常犯的錯誤。這些人取得了一些普通人難以獲得的成就後，往往容易飄飄然起來，覺得自己應對那些事情是小事一件，而不像以前一樣全身心投入到自己的工作中。

要想獲得成功，就需要不斷努力進取，因為很多事情是猶如逆水行舟不進則退的。驕傲自滿的人往往會因為看到自己的成績無人能夠比及，便想「鬆懈一點」、「輕鬆一下」，反正別人一時半會兒也趕不上自己。結果，有了驕傲自滿這個絆腳石後，往往容易滿足於現狀，失去進取之心，也不知不覺地落後了。

成功並不是以一時的成績為標準。要克服驕傲自滿，永保進取之心，持續努力奮鬥。否則，有了驕傲自滿這塊絆腳石，要想獲得成功，就會變得困難許多。

自我成長

要想克服犯驕傲自滿的錯誤，需要注意以下幾點：

1.要有一顆永不滿足的進取心：成功最大絆腳石就是自滿心態，因為這種心態會使人意志消沉，喪失鬥志。一個人之所以取得巨大成就，就是因為他不滿足，具有進取心。相反的，一個人之所以難以獲得成功，容易滿足、缺乏進取心也是一個重要的原因。因此，有一顆不滿足的心，就往往會向新的高峰衝擊，而不會產生驕傲自滿的心理。

2.時刻激勵自己：自我激勵是成長的重要原因之一。一個人要想避免產生驕傲自滿的心理，時時激勵自己取得更大成就，從好走向更好，是非常有效的方法。這種方法能夠促使一個人不斷地克服困難，勇往直前。

3.找一個比較對象：不怕不識貨，就怕貨比貨。任何一個人取得了巨大成就，都只是相對於某一部分人而言的，如果相對更廣範圍內的人，或者更輝煌者，那麼巨大成就也不會有原來那樣光輝。因此，找一個比自己稍強的人做比較對象，也是不錯的一種方法。

謙虛使人進步，驕傲使人落後。

30 太勢利將失去成功機會

在這個社會，每一個人都希望自己的付出能夠得到相等的，或者超額的回報。捨得捨得，不捨怎麼會有得，不付出哪裡會有回報。但是，有些人非常勢利，對回報要求過分，結果他們往往因此失去許多成功機會。

公司的營銷部經理帶領員工參加了某國際產品展示會。在開展之前，展位設計和佈置，產品組裝，資料整理和分裝等很多事情要做，需要員工們加班趕工。

大多數員工和平日在公司時一樣，不肯多做一分鐘，一到下班時間，就溜回飯店去，或者逛大街去了。經理要求他們做事，他們竟然說：「又沒加班費，幹嘛這麼累。」

小胡也是該公司的員工之一。他看到別的員工都不願意做白工，自己也不願意白做。經理要求他留下來加班時，他張口就問有沒有加班費，沒有加班費就不做。

經理勸他要以大局為重，先做事，然後自己盡可能到老闆那裡爭取一點加班費。但是，小胡要求加班費兌現金，否則不願意。最後，他還勸經理說：「你也是幫公司工作，不過職位比我們高一點而已，何必那麼賣命呢？」

經理沒有辦法，只好把實際情況向老闆說了。

老闆便親自來到現場，督促員工們加班。但是，由於老闆沒有許諾加班費的事情，所以大部分人依舊不幹，只有少數人免費加班去了。

展會結束後，那些「白加班」的員工都拿到了一筆不錯的加班費，而且還有幾個因此晉職。而一開始不願意做白工的員工，有的被老闆尋找藉口辭退，有的則被降薪。小胡本來是重點培養的對象，結果他因此再也無緣晉升了。

現在是一個商業味太濃的社會。勞動力成為一種商品，已經是人人皆能接受的觀念。商業交換遵循的是等價原則，被人雇用，給人做工，是一種商業行為，付出一分勞動，獲取一分報酬。因此，很多人也用這個道理來詮釋自己的行為，做什麼都以自己能夠得到什麼為前提考量條件。

但是，捨得捨得，不捨哪裡得，不付出哪裡會有回報。在工作中，一個人所獲取的，不僅僅是薪資，還有發展機會，技能和知識的累積。如果做人太勢利，也往往會因為自己不肯吃小虧，而吃大虧——占得一時的便宜，偷得一時之閒，卻虧掉了一個成功的良機。

小胡為人太精明，看似要比那些白幹活不拿加班費的人要聰明一些，但是在老闆眼裡看來是「只想獲得回報，不願意付出的人」，是個「不想真心為公司出力的人」。於是，在培養親信時，在晉職加薪時，老闆就往往會偏向那些「傻人」。到此時，那些比「傻人」聰明得多的人，往往就會眼看這原本屬於自己的職位，被「傻人」占去。

自我成長

要避免犯「過分在乎回報」的錯誤，需要做到以下幾點：

1.要有吃虧就是福的心理準備：不要太斤斤計較，不計較眼前的利益得失。有時吃點「眼前虧」，還可以給自己創造一些成功機會。因為任何一個人都不是傻子，他們只願意為內心寬廣，能夠包容的人提供成功的便利，而不會對一些害怕吃小虧者鍾情。

2.幫人就是幫己：人如果計較得太多，會花費你很多的時間與精力。相反，如果你不那麼計較，多做一些，也許會花掉你的部分時間與精力，但卻可以使你從那些競爭者中脫穎而出。

3.眼光看遠一些：有些利益是短期的，有些利益卻是長期的。一個人要成功，需要把目光看長遠一些，緊緊盯著自己的目標，不過分去計較一時的得失，不會在做一件事情時，過分在乎回報。

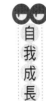

如果做人太勢利，時時刻刻在腦子裡算計自己的回報，不願意多承擔一點責任，不願意多做一點事情，那麼他們往往就會眼睜睜地看著別人飛黃騰達。

31 不注意儀表，讓人藐視難成功

一個人的儀容儀表是給人第一印象最深刻的一點。如果不注意自己的儀表，在與陌生人打交道時，往往容易讓對方看不起你，因而喪失某些成功機會。

振興有個習慣，就是不在意自己的儀表。後來，他改行做了銷售人員，負責向客戶推銷一種高品質禮品。

剛進公司時，相關主管要求大家在工作中要注意儀容儀表。振興聽了之後，也開始注意一下自己的形象。但是，到後來主管強調少了，振興不知不覺又恢復了原來的生活狀態。

有一次，他要趕到另一個城市去會見一個客戶。由於時間倉促，他沒有像平常上班一樣精心打扮一番，就匆匆地上了火車。

結果，在與客戶交談時，客戶看到他邋里邋遢的樣子，就難以集中聽他介紹產品，目光不由自主地盯著他的鞋子、褲子、衣領……

簡單的幾句介紹後，客戶就直接拒絕了他。他無法理解地問原由時，客戶對他說：「我不相信你產品的品質，因為我無法相信一個穿著這麼隨便的銷售人員……」

人要衣裝，佛要金裝。要想獲得陌生人的認可，注重自己的儀容儀表是最基本的一點。因為許多陌生人對他人的第一印象，往往就是透過對方的儀容儀表來判斷對方的身分和為人。

一般而言，他們比較容易信任注重儀容儀表者，比較容易信任外表看起來成功者，而對於那些不注重儀容儀表的人，則往往難以信任，甚至容易看不起。而第一印象又往往影響著此後的看法。

因此，與人交往時，要想成功獲得陌生人的認可，注重自己的第一印象，注重自己的儀容儀表是非常必要的。

振興從事銷售工作，需要經常與陌生人打交道。但是，他沒有重視儀容儀表，慌忙之中以很隨便的裝扮去見客戶。結果，因自己的儀表使客戶懷疑產品的品質，也導致本來有希望成交的訂單就此失去了。

在社會交往中，一個人的裝扮怎樣，往往會給其他人留下一個關於你是怎樣一種人的印象。而且人們常常喜歡憑一個人的衣著去推斷他的性格、愛好、興趣、職業等情況。因此，讓自己的外表看起來像個成功人士，能為自己創造實現成功的條件和氛圍。

自我成長

要避免因為自己的儀容儀表問題而影響自己獲得成功，需要做到以下幾點：

1. 穿著整潔：衣服穿著要整潔體面，打扮要乾淨俐落，才會顯得專業，才會給人信任感。因為衣著表現一個人的生活習慣，而具有良好生活習慣的人，才是容易贏得他人信任和好感的人。

2.衣著合體：服裝要剪裁合體，上下搭配協調，以及色彩和諧。衣著搭配不當的人，容易讓人感覺到滑稽，做事就會遇到很多無形的障礙。

3.穿著要合場合和職業：不同的場合和不同的職業，穿不同的服飾，往往能顯得更專業，會讓人更加信任。

著裝打扮不是萬能的，但打扮不好是萬萬不行的。因為不適宜的儀容儀表往往容易被人看不起，會為自己的成功製造了無形的障礙。

32 人云亦云，沒有創意難成功

生活中，很多人懶得思考問題，遇事隨波逐流。他們認為，人云亦云是吃不了虧的。縱使出了什麼事情，也是法不責眾，不會有多大問題。結果，往往就是由於這一種態度，導致他們在為人處世時沒有創意，缺乏強勁的競爭力，而難以獲得成功。

阿翔從一所知名大學畢業後，便來到一家廣告公司做設計人員。他擔心自己的能力和經驗不夠會不小心做錯了事，給公司造成損失，所以他在工作上什麼事都模仿著主管做。

模仿是一種較好的學習方式。但是，阿翔卻模仿得很死板，主管在宣傳企劃書中如何說，他在企劃書中也如何說。一開始，因為他善於模仿，所以阿翔很快就獲得了經理的認可。

但後來，主管發現阿翔事事都「抄襲」著自己的成果，便把阿翔作為自己潛在的競爭對手，防備著他從自己那裡抄襲一些有創意的東西，所以每次都做兩份企劃，一份是給阿翔參考的，另一份是交給經理的。

阿翔信心十足，有主管的照顧，自己作的企劃肯定沒問題。

有一天，經理要全公司的所有企劃人員都為自己的客戶做一份廣告企劃宣傳書，並從中選取最好的一份。誰的企劃做得最好，將可以獲得一大筆獎金。此外，一些被認為是優秀的企劃書也會獲得相應的獎金。

這樣，全公司不論是管理人員，還是普通職員，相互之間都有了一種競爭關係。

結果，主管的企劃書做得最好，獲得了一筆獎金，而阿翔卻因為參考了主管給他看的另一份早已經淘汰的企劃書，被經理評了一個最差，不僅使他競爭失敗，還使他在同事眼裡留下了一個抄襲的不良印象。

客觀地說，做人「人云亦云」不容易犯一些明顯的大錯，因為跟著別人的腳步走，感覺上比較有安全感。然而雖然安全，但在不知不覺中，卻也侷限了自己往前邁進的步伐——老是跟在別人背後，沒有自己的創意。

阿翔人云亦云，不動腦筋想問題，一味兒去模仿別人的作品，缺乏必要的創意，結果在競爭中，自己不知不覺地落後了別人，成功的先機被別人佔去了。結果，他想獲得成功，最終卻只能看著別人成功。

人云亦云，容易失去創新精神，失去在競爭中可能占具優勢的機會。這樣，事事慢別人一步，在與別人競爭時，當然是處在不利的位置，當然難以爭取到成功的機會。

自我成長

要避免犯「人云亦云」的錯誤，就要做到以下幾點：

1. 培養自己的創新意識：在學習和工作中，模仿別人是非常必要的，但是沒有

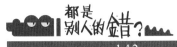

創新意識，不能夠在模仿的基礎上創新，那麼在競爭中永遠不可能獲得第一，進而會減少很多成功的機會。

2.重視自己的意見：前面已經提到，人們往往非常迷信別人對自己的看法，深信別人對自己的評價一定是準確的。事實上，別人是基於他們自己的標準來評判事物，而他們對你的背景和生活經歷知之甚少，所以，也不可能對你做出準確的評價。

3.獨立思考，獨立決定：沒有人比你自己更瞭解自己，別人無法像你自己那樣滿足你的需要。別人替你做的決定往往是以他們自己的目標為前提，那可能和你的希望相去甚遠。

人云亦云非常容易扼殺自己的創新能力。無法拋開一般人的慣性做法與目標，就無法領先別人，進而獲得競爭的勝利。

33 沒有目標，最終難免原地踏步

每一個人都有自己的奮鬥目標。沒有奮鬥目標就像無頭蒼蠅，不知道朝哪一個方向努力。在生活中，幾乎人人都懂這個道理。但是，有人卻不知道制定自己明確的目標，最終天天渴望成功卻永遠也成功不了。

小趙剛剛進入保險行業。他非常珍惜自己的工作，便全心投入。他兢兢業業，每天早出晚歸，披星戴月。三個月過去了，他的業績卻沒有任何提升。

他十分迷茫，便去請教一位保險界的老前輩。

「你下個月打算拜訪多少客戶？準備成交幾筆生意？與哪些潛在的客戶成交？」

小趙回答說：「我沒有想那麼多。」

「你的客戶定位在高層還是低層？」

「我沒那麼做，只要是客戶，我都想辦法去拜訪。」

「年輕人，你這樣是很難成功的。沒有具體的目標就不可能產生前進的動力，盲目只會勞而無功。」聽到這些，小趙才恍然大悟。

有人講了這樣一個故事：

白龍馬和毛驢是好朋友。白龍馬的理想和奮鬥目標就是到西天取經。而毛驢沒有什麼具體目標，認為只要自己不斷往前走，就可以走上千里，成為「千里驢」。過了幾年後，白龍馬到西天取經回來了，已經是功成名就，而毛驢依舊圍繞著磨子不停地走……

做人也是一樣，如果沒有目標就沒有努力的具體方向，無論付出多少努力，最終都難免是原地踏步走。

一個人要想獲得成功，需要有非常明確的目標，然後朝著目標堅定地走下去，做到像著名的推銷大師原一平所說：「就我個人來講，每年都要確定自己的目標，以達到這個目標，並以突破這個目標而努力奮鬥。除了公司方面規定的定額之外，我另外還為自己規定了工作定額。這個定額當然比公司要求我的數目要高得多，而我總是先以自己的定額為目標去開始工作。」

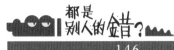

自我成長

要想避免犯奮鬥「沒有目標」的錯誤，需要做到以下幾點：

1. 把目標寫下來，並作為自己的行為指南：經常把自己的目標寫下來並努力去實現，就可以先實現小目標，最終實現大目標而獲得成功。

2. 把目標具體化：如果制定一些空洞的目標，就等同於沒有目標，也無法獲得成功。因此，在制定目標時，就需要儘量將目標具體化，將目標細化。這樣，才能實現自己的目標，體會到成就感，進而增強成功的信心。

3. 適時更新目標：人要獲得成功就要適時更換自己的目標，以便讓目標更適合實際情況。

沒有目標就如同手持良弓，卻不知箭該射向何處。

34 不善於傾聽，無法推銷自己

一個人要想獲得成功，就免不了向別人推銷自己。而在推銷的過程中，不注意傾聽對方的心聲，則往往難以獲得對方的信任和好感，往往難以讓對方真正接納自己。

子龍能說善道，善於應變，個人形象良好，勤奮工作，而且對公司的產品也非常熟悉，非常熱愛銷售事業。按照他這種條件來說，當銷售人員應該是具有較大優勢，會比別人更容易取得優異成績的。但事實上，子龍的銷售業績經常是排在業績排行榜的倒數兩位。經理覺得很奇怪，決定搞清楚為什麼子龍老是無法提高自己的銷售業績原因。

一次，經理和子龍一起去拜見客戶時，他要子龍負責去搞定客戶，他自己在一邊做幫手。結果，經理發現，子龍無法提升業績的主要原因就在於子龍「太會說」。他發現子龍在與客戶溝通時，一開口就說個不停，一會兒產品介紹，一會兒要求成交，不給客戶任何說話的機會。

經理看到了這些，想辦法打斷了子龍的話題，然後再去諮詢客戶有什麼要求。才慢慢讓客戶滿意，促使客戶愉快地簽了訂單。

能說善道是推銷自我，扶助自己成功的重要能力之一。但是，僅僅是能說善道，不給別人任何說話的機會，也非常容易導致失敗。因為每個人都有表現欲，都有發表意見的慾望，如果你喋喋不休，奪去對方的說話權和表現欲，對方當然會覺得反感，因而產生拒絕你、討厭你的心理。所以一個人經常這樣，就會導致很多人不喜歡他。

每一個人都需要尊重，都渴望在溝通時發表自己的意見，你要他閉嘴，他會喜歡你嗎？既然你與他人交流，就要尊重他人，傾聽他人的意見，一味地喋喋不休，不給對方說話的機會，這種野蠻地讓人閉嘴的方式，別人怎麼容易接受？

自我成長

要克服不善於傾聽的錯誤，需要做到以下幾點：

1.重視傾聽他人的作用：在與他人交往時，傾聽他人講話是對他人的尊重，是瞭解他人的重要途徑。沒有傾聽，就是忽視他人的意見，強行向對方灌輸自己的觀念，是非常容易惹人反感的。

2.養成傾聽的習慣：傾聽他人是一種良好的習慣。一個人養成了這種良好的習慣後，就往往能夠傾聽他人的心聲，從他人的話語裡面獲得很多有益的資訊，而且還比較容易獲得他人的好感和信任。而一個容易獲得他人好感的人，往往就比較容易獲得成功。

與人交往時，不傾聽對方的話，是不尊重對方的表現，是強行將自己的觀點強加與人身上的表現。一個人經常這樣，往往導致別人對他避而遠之。要想獲得成功，也就非常困難了。

35 輕視自我，難以獲得他人重視

在社會中，很多人因遇到某些「不公平的待遇」後無法正確面對，便對自己的能力產生了懷疑，認為自己不行，最終看不起自己。他們對自己恨鐵不成鋼，結果往往卻因自己看不起自己，導致了最後真的被其他人看不起。

李明威的學歷只有高職畢業而已。在求職過程中，他屢屢遇到「本公司只招大學畢業本科系學歷以上」這種拒絕理由。幾經打擊，他悔不該當初沒有考個大學學校。

雖然李明威後來找到了工作，但他還是認為自己不如大學畢業的本科畢業生，在那些同事面前感到自卑。每次得知哪一位同事是某某著名大學畢業的碩士生、本科生，就覺得看不起自己。

尤其讓他痛苦的是，一個知名學校畢業的女同事向他表示愛慕之意時，他因為看不起自己不敢給予明確的答覆。如果同意，他認為自己配不上對方；而拒絕呢，又感到自己是真心喜歡對方的，而且對方的條件那麼好，自己沒有資格不同意。他這種含糊的態度，使得那個女同事很快就放棄了。看到該女同事放棄後，他個性就變得更加鬱悶了。

從此以後，李明威感到生活越來越煩悶。他的爸媽經常叨念誰家的兒子怎樣怎樣有出息；他的同事在工作中經常有意迴避與他合作；他的哥兒們也不再主動聯繫他，即使他主動與他們聯繫，哥兒們也總是藉口忙或者要與女朋友約會而拒絕與他在一起……

世界上沒有人是完美的，任何一個人都不可能被每一個人看得起。因此有人看不起你是正常，這是無法避免的。但是，無論別人怎麼看你，你自己卻不能看不起自己。因為別人看不起你，可能是別人沒有看到你的價值，可能是別人對你不公平，但如果你看不起自己，則是對自己價值的全盤否定，是對自己的一種「虐待」。別人看不起你時，你可以透過某種努力和誠意，最終能讓對方對你刮目相看；但如果你連自己都看不起自己，那還有誰會看得起你呢？

李明威的高職學歷在招聘時，一些公司提出了一些「不公平」的要求，只是對他求職的不公平，不是對他學歷和能力的否定，而事實上，用人單位也沒有資格對別人的學歷和能力給予真正的否定。

對此，李明威不應該看得太重，應該調整自己的心態，「此地不留爺，自有留爺處」，找出自己的優勢所在，反思自己做不到之處，繼續尋找「英雄用武之地」。但是遺憾的是，他卻把用人單位對他的評判當作了否定自己的藉口，並從此看不起自己，尤其是在工作了之後，面對同事還是依然如此。這種悲劇，不是他學歷和能力差導致的，而是他對做人的認識不正確所導致的。

一個人要想做人成功，要想活得讓別人看得起自己，在遇到「不公平」時，就千萬不要否定自己。

自我成長

要避免輕視自己，不讓別人看不起，可以採用以下方法和技巧：

1.不要過分在乎別人對你價值的評判：別人說你行，你不一定真的行；別人說你不行，你不一定真的不行。因為別人不是權威，更不是說了的話就是不可更改的真理。在沒有得到別人賞識或者遇到別人對你不公平時，不妨認為是自己的優勢與別人所需求的不合，或者是別人沒有發現「千里馬」的眼光，又或者是別人故意用「不公平」來考驗你的意志，要暗示自己「英雄終有用武之地」，目前只不過是「虎落平陽」而已。

2.要多學習，廣泛接觸各種知識：在這個地方找不到用武之地，也許在另一個地方就找得到。

自己看不起自己，就是拒絕讓別人看得起你。

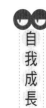

36 別讓壞習慣牽著鼻子走

習慣決定人生。許多人在成長的過程中，不知不覺地養成了一些不良習慣。這些習慣在平時或許不會有什麼破壞作用，但一旦到了緊急時候，就可能給自己造成嚴重的損失。

惠君的公司開發了一種新產品，即將投入市場。身為市場部門的主管，惠君肩負著對產品投入市場前的調查和評估工作。

惠君工作能力還算突出，但有一個不良習慣——就是如果不提前告訴她有多少時間必須完成這件事，她就會認為事情不緊急，會能先擱下的先擱下。上司把這項任務交給了她時，忘記了規定在什麼日子前必須完成。於是，惠君以為這件事情不急，便放在一邊先忙別的事情去了。

惠君是做行銷工作的，幾乎沒有真正的空閒時間。她放下了這件事情後，就投入到了其他繁雜的事情中了。不巧的是，最近她所在的銷售部門不斷出現一些小麻煩，使她不得不全心去解決問題。這樣一來，她把負責調查新產品市場反應的任務幾乎拋到腦後。

在星期四下午，上司突然打電話來，說老闆要出席星期五的例會，想在例會上看到她提交詳細的市場分析報告。這時，惠君才意識到了問題的嚴重性，便連夜趕寫市場分析報告。但她並沒有實際調查的市場分析報告，所以報告內容當然是空洞、不實際的。

老闆看了這份市場分析報告後，非常生氣，還把前一段時間銷售不好的原因歸究到惠君能力不足以擔任銷售經理，要她轉調到其他單位。

就這樣，因為自己不良習慣，惠君不得不丟下一份薪水不錯的工作，加入到重新尋找工作的茫茫人海中，生活也一下子跌入了困境中。

習慣是一柄雙刃劍，用得好，它會幫助我們輕鬆地獲得人生快樂與成功；用得不好，它就會阻擾我們走向成功，抵消我們努力的成果，甚至能毀掉我們之前的成功。尤其是一個人讓壞習慣牽著鼻子走，往往會陷入自己造成的困境之中。因此，好習慣容易讓人成功，壞習慣容易讓人失敗。

習慣是潛意識的功能。不斷地重複一種行為就會成為一種習慣。一個人不斷地重複一種錯誤的或者不好的行為，會養成不良習慣。而行為受到這種不良習慣的控制後，他所做得一切也會向不好的或者不良的方向傾斜。這樣，即使他有良好的願望和強烈的成功意願，也很難以獲得成功。

惠君的工作能力雖然很強，但被壞習慣牽著鼻子走後，很強的工作能力結果卻做出了很糟糕的事情，以致被認為不能勝任其工作。最後，成了公司銷售業績不好的「代罪罪羊」給辭退了。而公司銷售不好的原因很多，她一個人承擔所有責任是不是有點過分呢？過不過分且不談，她這種因壞習慣最終帶來嚴重不良後果的教訓，是值得思考借鑑的。

自我成長

要想自己不被壞習慣牽著鼻子走，就要培養好習慣，避免和改掉不良習慣。具體方法如下：

1.請好友幫忙指點：找一個摯友作為自己的鏡子，讓對方幫自己指出自己的不良習慣。很多時候，一個人有不良習慣自己是難以發現的，而一般的朋友又不願意指出，怕傷了和氣。因此，找一個敢於說出自己所有缺點的摯友，對一個人發現並改正壞習慣、培養好習慣是非常必要的。

2.要養成自省的習慣：每個人都不可避免會走一些捷徑，也難免會染上一些不良習慣。但是，對於自省能力強、會自省的人來說，他們養成壞習慣的機會就要少得多。

3.發現自己有不良習慣後，要迅速堅決改掉：很多人也不是不知道自己有哪些壞習慣，但就是改不了。因此，要想改掉壞習慣，就需要一定的決心、耐心，也需要採取持續的行動去改。

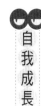

4.培養良好的習慣：改掉壞習慣最好的辦法就是培養好習慣。一個人要想成功，對一些好的行為就可以有意識地多做一些，反覆做一些，使之成為一種習慣。好習慣養成了，壞習慣自然就缺少存在空間，自然就不容易牽著你的鼻子走。

好習慣能將你導向成功，壞習慣卻是把你往失敗那邊推，做人做事都是如此。

37 遇事沒主見，容易誤入歧途

每個人處理事情的方式都有所不同。但是，有一些人卻因為不願意動腦筋，又或者不獨立思考，導致遇事沒主見，別人怎麼說就怎麼做。結果，他們往往非常容易被利用而誤入歧途。

阿珍是一個非常漂亮的女孩。但是，現在她卻不得不在感化院裡接受感化教育。在上高一時，阿珍受到周圍某些人「讀書無用」、「不如早進入社會賺錢」思想觀念的影響，便主動退學了。

退學後，阿珍在社會上的適應能力差，遇事沒主見，稍遇到一點困難，就哭紅鼻子期望別人能幫助她渡過難關。這一點，被阿貴看在了眼裡。於是，阿貴就經常幫助她，為她出主意解決問題。

沒有主見的阿珍覺得阿貴「無所不知，無所不能」，所以遇到什麼事情都去問阿貴，後來還主動和阿貴同居了。

阿貴只是一個在社會上的小混混，沒有正常的工作。過了一段時間，阿貴就勸阿珍「趁年輕多賺一點錢」，否則將來就沒得賺了，阿珍也毫不猶豫地信了。但是，她既無一技之長，又沒有學歷，能做什麼呢？

在阿貴的慫恿下，她到了酒店去上班……後來，她又在阿貴的「引導」下，開始吸毒、販毒。由於染上了毒癮，她越來越缺錢，也越來越不由自主地去做這些犯罪事情。

在一次「交貨」時，她被當場查獲了。經過調查，警方發現了她身集賣淫、吸毒、販毒等罪行。鑑於她尚未滿十八歲，警方將她送到了感化院。

現在，她很後悔，當初要是自己有主見，也不會什麼都聽阿貴的，也不會落到現在如此地步。

對於做人來說，沒主見就不可能成功。因為一個沒主見的人什麼都按照別人的「指令」行事，即使做成了什麼事情，也談不上是他的成功，何況別人的「指令」也可能會給他帶來大麻煩的。

一般而言，一個人沒主見是在遇事沒主意和拿不定主意兩方面。可能是因為他的社會經驗少，對自己的能力沒自信，也可能是因為所遇到的事情出乎他的意料之外。這種沒主見是可以克服的，只要迅速冷靜下來，仔細觀察事情，迅速回想自己類似的經歷或者他人類似的事情怎麼處理，然後根據實際情況做出判斷，就可以形成自己的主見來解決問題。

一個人遇事常常拿不定主意，則是對自己判斷沒有自信的表現。要克服沒有自信，可以想想自己成功的往事，或者拿出自己的解決方案詢問其他人，這樣自己心裡會變得更有數。

遇事沒主見是上當受騙的重要原因。在現實生活中，一些沒主見的人往往容易輕信他人的意見，進而不知不覺陷入他人設置的陷阱。一個人要想成功，少上當受騙，就需要培養自己的主見。

自我成長

一般而言，要想避免遇事沒主見、容易遭受他人的欺騙，可以嘗試以下幾種有效的做法：

1.培養自信：自信對一個人成功非常重要。在遇到事情時，無論自己此前遇到過的，還是沒有遇到過的，只有相信自己能夠解決，才不致於沒主見。而且，自信的人往往是自己的事情自己解決，無論何時，別人的意見只能是參考，最後的決斷還得由自己做出。

2.留意及嘗試分析生活中的某些事情：遇事沒主見說穿了是一個人在短時間內，對於收集資訊，處理資訊，做出判決等能力的不足。一個人要能夠留意日常生活中的某些事情，能夠經常分析這些事情，不僅能夠豐富自己的閱歷，還能夠提高自己處理事情的能力。

3.多讀一些實用性較強的書籍，多交一些朋友：遇事沒主見有時是因為「對生活的經驗累積比較少，遇到事情比不出個好壞對錯」造成的。讀書和交友可以彌補某些閱歷方面的不足。多讀些書可以吸收前人的經驗和智慧，多交些朋友可以擴大人際圈子增長自己的見聞。常常遇到某些事情時，都是「似曾相識」的，要拿主見就自然有經驗可借鑑了。

4.想好自己的主意再去問別人：在遇到自己不懂的事情問人時，要儘量先想好自己的主意，再去問別人的意見，最後由自己決定。養成了這樣的習慣後，遇事處理的能力自然就會提高，久而久之就會變得更有主見了。

遇事沒主見的人是腦袋被別人提著玩的人，最終也會變成任人宰割的人。

38 頻繁更改目標，井挖得再多也沒水喝

一個人沒有目標不可能成功，但目標太多卻永遠只能處在對成功的渴望之中。在現代社會，有些人渴望成功，卻缺乏耐心，頻繁更改自己的目標，最終導致井挖了很多卻沒水喝。

偉誠是個有理想的年輕人。自從大學畢業後，他就先後在台北、台中、高雄等幾個大城市闖天下，尋求建立自己事業的天空。但是，五年一晃而過，他除了幾次

失敗的經歷外，還是像當初畢業時一樣沒什麼成長，也沒有任何儲蓄。

五年來，偉誠先後做過國有大型企業的職員，做過記者，做過行銷，自己開過小超商，經營過出版公司，但他卻都無一例外地草草收場。除了得出「隔行如隔山」的道理外，他沒有賺到一點點錢。

兩年前，偉誠租下了一個「金店面」，開起了一家小超市。他認為，此處的人潮流量大，每天的售貨量肯定不小，自己一定能夠賺到很多錢。但事情並非像他想像那樣，由於他的超市沒有什麼名氣，人們一時還難以特別信任他，所以每天的營業額並不多，扣除成本，一個月的收入還沒有做行銷時賺的錢多。於是，他開始後悔自己盲目去經營超市，盲目去尋求其他賺大錢的機會。不久，他就將自己的超市轉讓給了一個朋友。

轉行後，他看到文化出版市場比較好，很多的暢銷書一賣都是賣上數十萬冊，賺上許多錢！而自己是知名大學中文系畢業的，文筆和眼光絕對不會比別人差，為什麼不做這一行呢？

於是，他又投資文化產業，開了一家小型出版公司。結果，他遇到了出版業的「寒冬」，苦心經營三個月後完全見不到效益，便只好又草草收場。而此時，他轉讓出去的超市業績異常高升，每天的營業額是他經營時的四、五倍。

看到這些，偉誠開始感歎自己運氣不好，每做一件事就失敗一件事。

在生活中，很多人不成功不是因為他們沒有努力，也不是因為他們沒有眼光，而是因為他們缺乏耐心，沒有把所做的事情堅持做下去。

他為了追求成功，忙忙碌碌地做了很多事情，嘗試了很多行業，但卻都在「風雨後即將出現彩虹」時悄悄地轉行了。對他們而言，不是成功遠離了他們，而是他們面對成功不願意多堅持一會兒，沒有再向前「跨一步」。「跨一步就贏」，他們最關鍵的一步沒有跨出去，又怎麼能夠成功呢？

曾經有一個作文題目，是一幅挖井的漫畫——有個人挖了很多口井，但都在中途放棄了。但其實，很多他認為沒有水的井，只要再接著往下挖一點點，就能夠見到水了。只是那一個人急於見到水，在挖井挖到一半沒見到水時，就乾脆重新找一個地方挖井。

很多人看到這幅漫畫時，會為那個人惋惜，責怪那個人不再堅持一會兒，不再繼續往下面挖。但其實在現實生活中，許多人做事時也會不知不覺犯下了類似的錯誤。

偉誠是個知名大學的畢業生，無論學識還是能力，都是很優秀的。但是，他卻犯下了一個錯誤，頻繁更換奮鬥目標，五年做了五種行業，而且都是動輒淺止。這樣，他只能是什麼都能夠做，卻什麼也做不好，時時刻刻想成功，卻經常與成功擦肩而過。

在現實生活中要想獲得成功，「此路不通，另闢蹊徑」是必要的，但更需要有恆心堅持下去，選定自己的目標後堅持下去，因為有時候要獲得成功就是「再跨一步就贏了」，「退一步就全盤輸掉」。

自我成長

在現代跳槽轉行頻繁的年代，一些急於成功的人容易犯下頻繁更換目標，最終卻頻頻與成功擦肩而過的錯誤。但是，只要注意以下幾點，就可以有效地避免這種錯誤：

1. 行行出狀元，要做就做到最好：人一旦決定了做某事，就要努力做到最好。任何一行，只要做的好，都能夠成就自己的事業。我們要充分認識到，只要在某方面專業、精通有創新的頭腦，會比什麼都會一點，動輒淺止要強得多。

2.有意識地鍛鍊自己的恆心，培養自己的毅力：要做成一件事情，不大可能一朝一夕就獲得預期的成就，必定有一個適應過程。因此，一個人的恆心和毅力對其成功有著很大的影響。

目標太多就等於沒目標。頻繁地更改目標，就像挖井人頻繁更換地點一樣，永遠是無法「挖出水」的！

39 小事不在意，留下失敗禍根

在許多時候，一些微小的細節決定著事情的成敗。雖然這個道理許多人都懂，但有不少人還是不在意一些小事，結果他們因小失大，導致自己功敗垂成。

小尹去應徵一家公司年薪美金八萬的營銷經理。他一路闖關，從一百多位應徵者中脫穎而出，終於獲得了與總裁當面會談的機會。

在面試那一天，小尹很有自信地走進了總裁辦公室。

正好總裁不在，一位年輕漂亮的女祕書很禮貌地對他說：「先生，您好，總裁不在。總裁請您打個電話給他。」

小尹掏出手機，撥了一串號碼後，突然看見辦公桌上有兩台電話，便很禮貌地問：「我可以用這個電話嗎？」

「可以。」女祕書依然微笑著。

小尹拿起電話，與總裁通話了。

在電話那一端，總裁高興地說：「小尹啊，我看了你的履歷，打聽了你前幾次面試的情況，的確很優秀，歡迎你加入本公司。」

通話結束後，小尹高興得心花怒放，第一個反應就是要將這個好消息告訴女朋友。他女朋友出差在國外。他剛撥了手機，卻又遲疑了，心想自己快要是公司的人了，這麼大的公司應該不會在乎他用一下電話吧。於是，他便拿起了公司的電話打電話給女朋友。

這時候，另一部電話響起。女祕書給了小尹一個詭異的笑容，說：「先生，您的電話。」

「對不起，小尹，我剛才的話宣佈作廢。透過監控系統，你沒能闖過最後一關，實在抱歉……」總裁在電話裡溫和地說。

小尹呆呆地站在那裡，一時不知所措。

細節是平凡的、具體的、零散的，細節是微小的、容易被人們所忽視的，但它的作用不可估量，它決定著成敗。對個人來說，細節表現著素質；對部門來說，細節代表形象；對事業來說，細節決定著成敗。細節對做人也有著非常大的影響。因為生活的魅力就在那些不起眼的細節上，一個做人成功的人必定是一個富有魅力的人。

細節是每一個人都說不能忘記卻又常常忘記的東西。雖然細節平凡的在我們生活中隨處可見，但它卻影響著做人的成敗。一個微小的細節往往能流露出一個人深層次的素質。小尹在眾多應聘者中脫穎而出，不能不說他是一個非常優秀的人才。他最終與總裁面談時，卻因為自己一個非常小的細節，導致了與一個非常不錯的工作擦肩而過。這是細節留下失敗禍根的一個非常典型的案例，也是每一個人需要引以為戒的。

「泰山不拒細壤，故能成其高；江海不擇細流，故能就其深。」所以，大禮不辭小讓，細節決定成敗。想做大事的人很多，但願意把小事做細的人卻很少；現代社會不缺少雄韜偉略的戰略家，缺少的是精益求精的執行者；不缺少各類管理規章制度，缺少的是規章條款不折不扣的執行。要想成功做人，注重細節、把小事做細，把小事做到位，是非常必要的。

自我成長

人與人的區別是透過細節表現出來的。做人要想關注細節，避免一些因細節而導致失敗的事情發生，需要注意以下幾點：

1. 改掉急功近利、心浮氣躁的毛病：萬丈高樓平地起，不屑做小事，就難以鍛鍊能力，也難以做好大事。只有認真做好每一件小事，才能夠積少成多，最終做成大事。

2. 改掉粗心大意的毛病，養成注意細節的習慣：習慣成自然，一個人養成了關注細節的習慣後，往往就不會輕易放過任何一個細節而留下失敗禍根。

千里之堤潰於蟻穴。

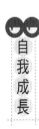

40 義氣行事，朋友變成冤家

在生活中，不少人深深信奉「不求同年同月同日生，但求同年同月同日死」這種哥兒們的義氣，並把它作為行為準則。結果，他們靠哥兒們義氣行事，在遇到實際利益時，卻往往容易導致「朋友變成冤家」的慘局。

阿勇比較欣賞「為朋友兩肋插刀」的那種人。他認為，不講義氣就是唯利是圖的人，也無法讓人信任，與其打交道讓人心裡不踏實。因此，在生活中，他特別喜歡結交一些講義氣的朋友，無論是生意場上的朋友，還是上司、下屬，不講義氣的人要與他持續交往下去，幾乎是不可能的事情，而講義氣的人則非常容易獲得他的信任。

有了一幫講義氣的哥兒們後，阿勇在生意場上風光了一段時間。但是，他很快就成了義氣的受害者，而且還因為如此幾乎虧掉了老本，與以前的哥兒們變成了對簿公堂的仇人。

阿勇是做布匹生意的。在一次進貨時，他遇到了自己幾年沒有見面的哥兒們。於是他便暫時把進貨的事情放在一邊，與對方一起到某高檔的餐廳吃飯喝茶閒聊。

在閒聊之間，阿勇得知對方最近幾年做布匹生意發了財——經營著幾家規模還不錯的織布廠，而且布廠生產的品種和花樣還非常豐富。於是，阿勇便告知了他到此城來的目的就是要進一批布料。

這位哥兒們把胸部一拍，說：「這點小事情，我幫你做主了。你先好好玩幾天吧！我在這個行業認識的人多。你需要的布料，我如果有就以最低價批給你，沒有的我找其他好兄弟們幫忙，保證也是最低價……」

阿勇聽了這話，心裡當然高興得不得了，便把自己要進貨的單子開給了對方，自己也懶得費那份心思。在驗貨時，對方要求他前去看一看，但是阿勇把手一擺，說：「我絕對相信你！我們是好兄弟！你辦事我放心。你直接打電話叫人把貨打包好就行了……」

對方一聽，非常高興地打電話叫手下的人包裝貨物去了。誰知，這位哥兒們趁機把一次質量低劣布匹打包了進去。

等阿勇風塵僕僕地回去後，打開包裝一看，嚇了一大跳：布匹的品質根本達不到要求。他連忙打電話詢問對方是否是把貨裝錯了，可是對方說沒錯，阿勇要他來看看，他卻說什麼銀貨兩訖，跟他沒關係了。

沒辦法，阿勇只好把這位好哥兒們告上法庭。

但是，法律是講求證據的。對方堅決不承認，他也無可奈何，最後只好自認倒楣，誰叫他不當場驗貨呢？

在桃園結義時，劉、關、張曾發誓「不求同年同月同日生，但求同年同月同日死」。隨著《三國演義》的影響，這種義氣時刻影響著我們的生活。其中，「三人同心，其利斷金」，「全是哥兒們好辦事」的思想至今還充斥著一部分人的大腦。

由於對義氣的推崇，他們暫時羞於談名分和利潤，酒酣耳熱之際，他們舉杯盟誓

「包在我身上」，便把一切大事定下來了。

在剛開始，他們礙於義氣和自身的面子，可能會自覺維護和睦的局面；但是一旦涉及到了具體利益，尤其是較大的利益時，他們掩藏在哥兒們義氣下追求名利的真實嘴臉就會暴露無遺。在私欲膨脹後，就很容易拋開義氣，利用對方對他的信任，來個「厚道厚道背後一刀」。最終，他們也由哥兒們變成互相爭奪利益的仇人。而反目成仇時，由於他們之間的協定是講義氣的，所以大多都是口頭協議，這也導致很多人成為哥兒們義氣的受害者。

在現實生活中，一些用義氣行事，最終兩兄弟變仇敵的事情比比皆是，層出不窮。所以，要想做人成功，要想避免朋友反目成仇，就需要從中吸取教訓。

自我成長

要想避免朋友反目成仇，在交朋友時需要注意以下幾點：

1. 認識義氣的兩面：義氣是一把雙刃劍，講義氣可以比較容易交到朋友，獲得他人的信任，但是義氣也容易成為相互欺騙的幌子，朋友反目的導火線。因此，在與人交朋友時，要想做人成功，不能單純地依靠哥兒們義氣，不能過於迷戀義氣。

2.不要羞於談利益和名利：哥兒們要講義氣，但也要講利益和名利。因為每一個人都有自己合理的利益和名利，迴避利益和名利的哥兒們義氣，註定是會反目的。親兄弟明算帳，說的就是這個道理。

3.要樹立法制觀念：幾個志氣相投的好友在一起，能夠談共同的理想，能夠成立一個組織，但是卻不能有效經營這個組織，同心協力去實現理想。因為哥兒們義氣多是「口說無憑」，而法律又是看證據說話的，只講義氣，缺乏法制觀念，不以明文的規章來規範，必然導致某些利益受到損害後，得不到有力的保護。

靠義氣走在一起的人，一開始還能夠利用義氣消除「你多我少」之類的爭執，但一旦涉及到各自的利益越來越大時，義氣是擋不住利益誘惑的，此時的彼此會變得誰也不想吃虧，誰也不顧及義氣，進而反目。

41 關係能「助」你成功，不能「給」你成功

人際關係對一個人能否成功具有很大的影響。因此，人脈即財脈。但是，有些人過分相信人脈的作用，導致他們出了某些事情不能透過人際關係擺平時，事業也因此受到重挫。

某生產月餅的商人，在創業之初，因人脈有限等原因，生意並不好。他苦心籠絡了各種社會關係後，為企業掛上了一塊響亮的牌子，獲得了某些優惠條件。

結果，他的企業沒多久就轉虧為盈，利潤連年遞增，很快由一個小型企業發展為一千大企業之一。

人際關係能使企業起死回生，並使企業迅速成長，一下子讓該商人對人際關係的作用刮目相看，越來越迷信人際關係，便把主要心思放在拉人關係上，而對產品的品質卻放鬆了監管，甚至在產品上做假。

由於他不注重產品的品質，產品在市場上的銷售量並未像他想像那樣好，每年都有大量月餅賣不出去。為了節省成本，該商人要工人們把沒賣完的月餅外邊的麵粉除去，把裡面的餡留起來冷凍，等下一年接著用。

大家都知道，食品最注重的就是衛生，過期的當然應該棄之不用。但該商人卻認為：反正沒人知道，出不了什麼問題。即使真的有事，我也多的是關係，什麼局長、科長、經理，我都能說得上話，到處都是「哥兒們」。一通電話過去，馬上就能搞定。

月餅上市後，不少消費者吃了月餅出問題。他們紛紛到法院按鈴控告，要求賠償。該商人並沒不當一回事兒，自己有那麼多關係，沒有必要驚慌的，便很放心地拿起電話「喂——喂——」地一路打過去。

食品衛生隱患是人命關天的大事，有輿論監督，有國家的法令，哪有人敢「出面擺平」？有什麼樣的關係是完全靠得住的呢？結果，出事了後，沒有一個人出面援助，甚至連電話都不願接，他喊破喉嚨也沒人「幫忙」。

這時，他才知道「關係」並不是所向披靡的特效藥，過去曾經前呼後擁的「哥兒們」早已不知去向。

他不得不失望地癱倒在辦公室裡長噓短歎：「唉，都怪我太依賴關係啊！」

「過期事件」後，該企業的信譽一落千丈，企業形象幾乎降到冰點，生產的月餅一盒也賣不出去。無奈之下，該商人只好申請破產。

人脈的重要性越來越受到社會的重視，人脈即財脈，一個人要想獲得成功，就必須要有廣泛的人脈。在正常情況下，人脈能夠促使你邁向成功，能表現你的能力和魅力，能夠證明你做人成功，但是，有廣泛的人脈並不是一個人成功的標誌，也不是幫助你解決問題的靈丹妙藥，人脈只是潤滑油，使你更容易成功，而不是有了人脈就保證成功的。

上面事例中提到的月餅商人，從人脈中獲得了巨大的好處。但是，他迷信有了廣泛的人脈就可以「為所欲為」，就可以「擺平一切」。於是，他在市場上投入不合格的月餅。

除了此事件後，他還迷信人脈可以擺平一切，結果在法律、輿論面前，他的人脈完全起不了任何作用，不得不獨自吞下迷信人脈的後果。對於他來說，可謂是成也人脈，敗也人脈！

過分依靠人脈，而忽視了自己內在的品質、信譽和道德，不僅無法使自己成功，還成為自己失敗的必然原因。因此，要想成功，對此引以為鑑是必要的。

自我成長

要想避免片面誇大人脈的作用，導致自己失敗，可以從以下幾個方面入手：

1. 正確認識到社會關係的作用：社會關係對一個人成功非常重要，但要想成功還需要他本身基本條件，自身去努力。一個人社會關係再廣泛，他缺乏必要的信譽和道德，永遠也稱不上成功。

2. 讓自身「硬」起來：打鐵的人即使爐火很旺，要鍛造的鐵也非常精良，但如果自身不使勁敲打錘子而像雨點一樣綿軟無力，他也不會鍛造出一把鋒利的寶劍。

人際關係對於一個要成功的人來說，就是爐火，就是要鍛造的鐵。

3.提高自身的道德素質和法律意識：想獲得成功，人際關係能夠給其提供某些方便，但如果他道德素質差、法律意識薄弱，做出了一些缺德犯法的事情，在強大的輿論面前，人際關係想發揮保護你的作用，也會變得無能為力。

所謂「關係」能夠幫助你成功，但是並不能給你成功。

42 吹牛不打草稿，最終讓人看不起

一些人認為向別人介紹自己就是要吹捧自己，把自己吹得無所不能，對方就會對自己敬畏，就會重視自己。結果，他們吹牛不打草稿，最終還是讓人看不起。

小趙初進入公司時，做事積極認真，與人的關係相處得比較和諧，很快得到了大家的認可。

但是，與小趙相處得時間長了後，就會發現小趙特別會瞎掰。在同事面前，談起天南地北的事情，他都能夠滔滔不絕地發表一番自己的意見。大家看到小趙「知識面廣」，不時也稱讚他幾句。

於是，小趙就越來越驕傲，開始到處吹噓自己。有一次，他和同事們閒聊時，為了顯示自己有廣泛的背景，說某某立法委員是他的親戚，某某警察局長是他的哥兒們，遇到了什麼事情，只要他打個電話，他的哥兒們就會出面幫忙，就沒有什麼辦不成的事情。由於每一個人都有自己的關係和背景，他說的這些雖然讓大家半信半疑，但大家還是覺得有事時不妨找小趙幫忙看看。

有一次，同事小宋與他人有一點糾紛，想要找一個懂法律的人諮詢一下，便問問小趙有沒有律師朋友。小趙支支吾吾地說，他的律師朋友出差了。小宋又請小趙打個電話給他的律師朋友問一下事情。小趙支支吾吾說對方的手機關機。此時，小宋才意識到小趙平時在吹牛，根本不認識什麼律師，更談不上有什麼律師朋友。

此事後，同事們都認為小趙說話總不著邊際，愛胡亂瞎掰，便漸漸疏遠了他。不久，老闆也知道了小趙愛吹牛，而且是吹牛不打草稿，也漸漸對他所說的話，以及對他的能力產生了懷疑，便不再像以前一樣器重他。

小趙感到自己在公司的地位下降，老闆和同事都不再信任他，工作也沒有積極性和熱情，不久便辭職了。

現代社會需要向外界宣傳自己。於是，很多人誤認為對外界宣傳自己就是吹噓自己，便到處吹牛。無論什麼事情，說得讓他人驚歎、佩服，他們才感覺到稱心如意。他們胡亂地吹噓自己有著怎樣的社會背景、怎樣的人際關係，是如何能夠「通天」，以便讓別人覺得他是個「人物」；在經商時，信口開河，胡亂吹噓，隨便說自己的將來怎樣怎樣，自己的產品如何如何，以此來告訴別人自己有多麼偉大，資金有多麼雄厚。

「兵不厭詐」，適當地向別人介紹一點自己的「優勢」，是做人時必須要掌握的一點小技巧。但是，絕對不能忘記了自身的實際情況，為了浮誇而浮誇，把一些子虛烏有的事情說得繪聲繪影，把一些自己並不懂的事情說得活靈活現，儼然自己就是一方的專家。因為或許別人聽信了你的吹噓，但他們更相信自己的眼睛。他們一旦親眼證實，發現你所說得一切是吹噓後，不僅就不會相信你以前所說的話，而且還會懷疑你的人品。

誠信是做人最重要的品質。一個人吹牛，被別人證明是沒有誠信後，他將會隨著這種負面消息的傳播，而失去別人對他的信任，因而使他陷入孤立的狀態中。小趙向別人推銷自己，本來是很正常、很必要的一種行為。但是，他吹牛，說話過分誇大，把自己渲染得無所不能，以致別人找他幫忙時，他根本就無法兌現，使得他的信譽掃地，最終在公司感到孤立，不得不辭職離開。

因失信而導致如此多的煩惱，真的值得我們好好去思考。

自我成長

吹牛是人們比較容易犯的錯誤之一。要想成功做人，可以注意以下幾點：

1. 認識到推銷自己和到處瞎吹牛的不同：向別人推銷自己的目的是向別人展示自己的優點和魅力，要讓對方重視自己，看得起自己。而吹牛的目的則明顯是炫耀自己，讓別人崇拜自己。在現代崇尚個性的年代，想要別人崇拜自己不是靠吹牛實現的，因為別人不會輕易相信你的吹嘘，不容易從內心接納你。而推銷自己只要基於事實，對方是比較容易接納的。

2. 重視信譽的作用：一個人的信譽如何對他能否成功做人有很大的影響。沒有信譽，誰會相信你？沒有信譽，又談何做人有魅力？一個人要想讓對方接納自己，更重要的，是要靠自身的魅力和能力去懾服對方，而不是到處瞎吹牛。吹牛露餡兒後，別人只會更加看不起你。

3.培養自己誠實的品質：一個人具有了誠實的品質，在向他人推銷自己時，就不會瞎吹牛，過分渲染或者編造自己的能力，就比較容易獲得他人持久的信任。

到處瞎吹牛，最終免不了露出尾巴，失去信用，因而讓人看不起。

43 吹毛求疵，易失去人心

人無完人，金無赤足，這是每一個人都知道的道理。但有些人喜歡對他人吹毛求疵，要求他人做到完美無缺。結果，沒有人喜歡他們。

自強是一家啤酒公司的業務主管，對工作任勞任怨，盡心盡責。但是，由於他對下屬的工作吹毛求疵，使得下屬無法放開手腳去推銷產品，因此工作積極度大為下降。結果，他並沒有因為努力而取得更好的工作業績，相反使該啤酒廠的業績不斷下滑。

有一個月，銷售人員小陳推銷啤酒超過了規定業績的五倍，滿心喜歡地等著獲得表揚和獎金。但是，自強卻發現小陳犯下了一個錯誤——向客戶介紹產品時，誇大了公司的承諾。自強認為，一旦出現了問題，消費者追究的話，公司將要承擔較大的損失。

在開例會時，自強沒有把主要精力放在表揚和鼓勵小陳上面，而是花費了大量的時間在談銷售過程中，如果不注意細節可能給公司帶來巨大損失的問題。最後，自強還決定將小陳的功勞減半，只發原本應得獎金的一半。

小陳見自強這樣對待他，便與他發生爭執。但是，決定權還是掌握在自強手中，小陳爭不過，領了工資就辭職不幹了。

其他的銷售人員看到小陳做出了不錯的業績後，不僅沒有得到應有的獎賞，還因為一點小失誤遭到批評還被扣獎金，便在心理上產生了不滿，所以在後來在工作中都用「不求有大功，但求無過」的心態做事。

自強失去了下屬的心後，公司的銷售業績越來越差。最後，他不得不引咎辭職。

人不可能做事做得人人百分之百滿意。因此，對自己沒有必要要求過於完美，對他人也沒有必要吹毛求疵。尤其是上司面對下屬時，要學會看下屬的成績，要學會原諒下屬的過錯，不能對他們過分要求，吹毛求疵，否則將會失去下屬的心。而一個失去了下屬心的領導者，是無法領導公司取得成功的。

從表面上看，自強對下屬吹毛求疵，以致失去下屬的人心，業績持續下降，是他領導能力不足的表現。既然每一個人有優點也有缺點，那麼為什麼要死盯著下屬的缺點不放。既然下屬取得成績是主要的，那麼為什麼又要把小缺點作為主要的問題來強調，減少他本來應得的獎金？小陳及其他同事在想到這幾個問題後，就不約而同地認為，自強是故意挑毛病，故意誇大小陳的錯誤，因此不再相信他，也從內心不服自強了。

很多人也會犯類似自強的錯誤，常常對他人要求過於苛刻，不是把目光放在別人取得的成績上，而是專門挑別人在行動過程中出現的小錯誤；不是去鼓勵和表揚他人，而是去懲罰他人的不足。用這種態度與任何人相處，領導任何人，都會造成離心離德，會讓下屬質疑他的管理能力。

自我成長

要想避免、克服和改掉這種吹毛求疵的不良習慣，需要注意以下幾點：

1. 把目光放在別人的長處上：每個人都有缺點，也都有長處。多看看別人的長處，不僅能夠學到很多有益的東西，還可以學習他人成功的因素。

2. 採取正確的態度去對待他人的優點和不足：片面誇大對方的優點和不足，都是不客觀、不理性的。

3. 正確看待別人取得成就：很多時候，對他人吹毛求疵是因為害怕他人取得的成就掩蓋了自己的光輝，於是便挑毛病，讓對方有挫敗感。其實，這樣做對自己並不利，因為這不僅無法讓自己進步，反而使自己的人格沾上污點。

吹毛求疵容易讓人感覺你是故意找碴，容易把對方逼成你的敵人，也容易讓對方看不起你的人品。

44 許下承諾不兌現，空頭支票沒人信

每個人都少不了對他人承諾一些事情，也不可避免地要借助許諾來成就某些事。有一些人的承諾實現了，越來越受到人信任和尊重，而有些人卻因為自己的許諾沒兌現，導致自己的信用越來越不值錢。

某服裝廠原來是一個小作坊式的生產車間，後來發展成為大集團，到現在又被迫租讓給外資企業經營。其起落間，老闆周某對員工的承諾都起過重要的作用。老

闆的承諾兌現時，企業就比較快地發展，而老闆對員工的承諾沒兌現，企業就隨之衰落。

起初，為了發展壯大自己的公司，為了鼓舞員工的士氣，老闆向員工許諾：有朝一日公司盈利了，上了軌道，會給每一個人高待遇和高福利。同時，希望大家以公司為家，共同發展我們的公司。

員工們聽到這番話後，受到了很大鼓舞：所有的員工沒日沒夜地加班，所有業務員都馬不停蹄地到外面開拓市場，很快的就讓公司業績增長。但由於市場不景氣，企業的效益並沒有想像的那麼好。正當大家有些灰心時，老闆又給大家鼓勵：「今年我們沒有完成銷售指標，獎金少給點。明年大家加油，完成生產指標，我一定會有雙倍獎勵的。」

員工都認為，目標沒達到，錢發少點也沒話說。於是，員工們依然加足馬力，拼命幹活。快到年底時，離規定的指標只差一點點。老闆便繼續鼓勵他們：「大家加油，年底一定把獎金和紅利一起發給你們，並給你們升職、加薪。」

大家看到老闆都「豁出去了」，自己也沒有理由不去拼。結果，在所有人的努力下，該廠完成了目標，企業獲得了巨大的利潤。在部門核算那天，辦公室裡一片歡騰，大家都認為今年的獎金總算是到手了。可是誰會想到，員工們都在眼巴巴地盼著升職加薪，卻盼來了無奈。

在全年總結會時，老闆卻只做了明年的業務安排，沒有提到曾經對他們的承諾。第二年，老闆又給廠裡定下了指標，並承諾年終要發放高額獎金。但是，員工們便不再相信他的話了。該公司有好幾次有大量訂單時，員工們還是不積極，導致交貨延遲，別人最終都不願意與他們合作。

許諾是建立在信譽的基礎上的。一個人信譽好，別人就容易相信他的許諾，而他就可以利用許諾來幫助自己完成某件事，或者解決某一個難題。相反的，一個人的信譽不好，他就難以利用許諾幫助自己完成某件事或者解決某個難題。而一個人的許諾讓他人信任的人，又往往是做人比較成功的人（至少在某一段時間內比較成功）。因此，一個人要想做人成功，就需要重視自己的信譽，謹慎許諾，兌現自己的諾言。

自我成長

要避免許諾了兑不了現的事情發生，需要注意以下幾點：

1.重視自己的信譽：一個人具有了良好的信譽，就可以利用自己的信譽來對他人許諾，鼓勵他人發揮潛力幫自己實現某種願望，或者延緩支付，同時還可以讓他人更加信任自己。相反的，缺乏信譽，他人將難以信任你，以致很多事情辦不成。

2.重視許諾：有些人許諾了不兑現，是因為他們並沒有重視許諾，沒有把承諾的事情放在心上，以致不知不覺地忘記了兑現。而重視許諾的人，則往往把對別人的承諾放在心上，並努力去實現自己諾言。

3.謹慎許諾：很多人在許諾別人某件事情時，信口開河，結果他們的承諾往往卻難以實現。長時間後，他們的信譽將會受到影響，別人也會將其許諾當作空頭支票，最終導致喪失信譽。

對別人許諾不兑現是開空頭支票，是難以讓他人再次相信你的話。

45 擺架子，嚇不住別人反而臭了自己

擺架子的結果往往是脫離群眾，遭到下屬反感，越想獲得下屬尊重卻把自己搞得越臭。

志偉是某公司的經理，在工作中喜歡打官腔和擺架子，天天要求大家填寫「有效工作時間表」。志偉原先是一家外商的經理，後來被該公司的老總挖了進來，是「空降」進入公司的。因此，他打官腔和擺架子讓很多下屬不滿，導致不少下屬產

生本能的抵制，人際關係很差。

有一次，下屬小冉隨便填寫了「有效工作時間表」，被志偉抓到了。他非常惱火，不僅當時批評了小冉，而且還在以後的管理上重點加強對小冉的管理。有一些雜事時，也常常擺起經理架子，指使小冉去做，而且要小冉立刻就做到，不能有半點耽擱。

有次，小冉為志偉做的一件事情動作慢了一點，志偉就「借題發揮」，說小冉工作態度不好。小冉才不管他那一套，認為自己年紀雖沒有他大，資歷可不比他淺，便和他大吵一架。志偉和小冉這一吵，讓全公司的人都知道了吵架的原因。從此，大家都儘量迴避與志偉打交道。

事後，小冉也覺得很沒意思，也產生了辭職的想法。正好，小冉的朋友打電話要「挖角」，他就順勢辭職了。小冉辭職後，其他一些有本事的員工也紛紛另謀他就。而志偉在公司名聲越來越臭，覺得難以待下去，便也跳槽了。

許多人因為擔任了一定的職務，有一定的權利，就總喜歡在下屬面前擺架子，自高自大、裝腔作勢。他們想借擺架子和下屬保持距離，使下屬感受到上司的權力等級和支配力，以便於鞏固自己的地位，推行自己的政策和主張。同時，還想借擺架子給自己帶來心理上的安全感，有效地處理人際關係以及工作事務。但是，結果往往就是脫離群眾，遭人反感。

在職場上，雖然上司掌握著更多的主動權，有打官腔或者擺官架子的「資格」，但是下屬在人格上與他是平等的，不會喜歡這種高高在上的架勢，以致在工作中經常不願或不滿，在內心上更加疏遠上司，以致在執行過程中懷疑上司的人品。而此時，作為上司要是堅持認為在管理中打官腔和擺架子可以讓自己形成一種威懾力，使下屬感到「服從也許是最好的選擇」，而「不服從則會對自己不利」，則往往容易成為孤家寡人。一旦在公司失寵，許多平時討厭你的人就可能對你落井下石。

自我成長

要避免養成打官腔和擺架子的不良習慣，需要注意以下幾點。

1. 要平等對待每個人：很多人喜歡擺架子是因為自己是主管，認為自己高人一等。其實，領導者和下屬在人格上是平等的，根本不存在高人一等。一個領導者是否有威信不在於他的架子的大小和官腔打得如何，是在於他的人格魅力和工作能力。不平等對待人，讓他人感到壓抑，又怎麼讓人看出他的人格魅力呢？

2.心中有群眾：好花需要綠葉來陪襯。作為一個領導者，獲得了群眾的信賴和支持，他才能夠領導公司取得成就。

3.多與他人溝通：身為領導者，溝通是其主要工作之一。做為領導者不僅僅是要管住下屬，更重要的是要激發下屬的積極性，為公司出力貢獻。擺架子和打官腔不能讓下屬服氣，更無法激發他們的積極性，而與下屬積極溝通則能夠讓下屬理解和支援自己的工作，還可以宣傳自己的魅力，激發下屬的工作能力。

擺架子和打官腔是裝腔作勢的行為，只會證明其實力不足，魅力不足以讓人信服，因此更容易引起反感，導致嚇不倒別人，反而臭了自己。

46 小事發脾氣，受氣是自己

每個人都會遇到心煩意亂的時候，也都會發脾氣。但是，為了一些小事而發脾氣，不僅難以解決問題，還會因小事把自己氣壞的。

李先生是某公司的總經理。由於他說話帶有較重的口音，人也比較嚴肅，所以在工作中有些不順心的話，就會整天拉著臉，搞得人心惶惶的。

週一早上，他剛到公司，就看到門口堆了的幾個貨箱。他便走到員工的辦公室門口吆喝了幾聲。但是，由於他說話太快，再加上他的口音不太好聽懂，一些員工根本不知道他說些什麼，就沒有去動。

李先生見大家都沒反應，非常氣憤地進辦公室，一個一個的叫人趕快去把貨箱送到庫房去。但是，等他反反覆覆說了幾次，大家才總算反應過來，才有幾個人去搬貨箱。

李先生很講究效率，誰的動作慢一點他就會催促，有時還會出辦公室，走到員工面前親自和他們確認，「你還需要幾分鐘？我要的答案在哪裡？」而且，李先生辦事非常仔細且嚴格。公司財務部的資料，都必須有總經理的親自簽名才有效，而且他仔細到連章都不用，再多的資料也要做到「事必親簽」。因此，看到大家對他的話不急不徐的，就會發脾氣。

但由於他說話太快，員工們一時聽不懂，所以都提心吊膽的，任憑李先生發脾氣，低頭不講話。看到大家都不吭聲，李先生又繼續發牢騷。

現在，李先生只要看到下屬有什麼小細節做得不好，就常發火。而下屬們也養成了習慣，都只是靜靜地聽著，任憑他發脾氣了。

發脾氣是人類的一種很普遍、很正常的心理外在表現，是心理壓力過重的結果。發脾氣可以釋放內心過大的壓力。尤其是身為主管時，承擔著較大的責任，在巨大責任的壓力下，情緒難免有不好的時候，心情也會緊張，偶爾還會被下屬的某些行為激怒。但這都不是為那些小事發脾氣的理由。

領導者的威信來自下屬發自內心的尊重和認可。因此，領導者遇到一些小事不滿意時，要對下屬的錯誤給予寬容和理解，要勤與下屬溝通，透過溝通讓下屬真正吸取教訓，且不能為一點小事煩躁，動輒發火。因為，在工作中，誰都難免在一些小細節上出點差錯，僅僅為一點小事就發脾氣，不免顯得小器，眼裡容不下別人。試想，誰會去尊重一個沒度量的人呢？脾氣發多了不僅解決不了問題，還會讓自己處在生氣的狀態中，與他人處在緊張的人際關係中。

自我成長

要想避免養成因小事發脾氣的習慣，需要注意以下幾點：

1. 要待人寬容：有些事情做不好並不是因為人為不努力造成的，如果不夠寬容，那麼當然就容易生氣，相反的，寬容一點則不會因小事就亂發脾氣的。

2.不要要求過於完美：對人、對自己要求過於完美的人，往往對事情的不足之處比較敏感，比較容易求全責備，因而也比較容易因小事發脾氣。

3.遇事要冷靜思考：及時想辦法去解決，而不是發火追究責任。

4.要著眼大處，看到整體，要多看取得的成績：有時取得了較大成績的同時不免會出現一點不足。此時，多看一些主要的成績，多給予一點肯定，就不會遇到小事就發火的。

因小事發火往往比較容易顯示出一個人的器量小。而器量小的人難以獲得他人的認可和信服。

47 盲目逞強，是不自量力

一個人適時表現自己的能力，是獲得他人賞識和出人頭地所必須的。但盲目地逞能逞強，也容易將自己置於解決不了問題反而身陷兩難的境地。

小劉是個銷售員。在他們公司，同事老楊很長一段時間一直雄居銷售榜的第一名。小劉很崇拜老楊，暗地裡把老楊當作自己的學習榜樣和競爭對手。

經過幾個月努力後，小劉的工作業績與老楊的差距慢慢地變小了。後來小劉更是一下子超過了其他所有員工，工作業績僅次於老楊，居排行榜第二名。此時，公司很多同事對小劉刮目相看，使小劉信心高漲，覺得自己在公司很有面子。他決心要超過老楊，做公司的業績冠軍。但是，無論小劉怎麼努力，他的業績始終要比老楊差一截。畢竟，老楊多年累積的客戶資源實在是小劉難以望其項背的。

在小劉與老楊暗暗較勁時，業務部的經理也在悄悄地較勁。

王經理向市場推出了一種新產品，初上市時市場反應良好，許多客戶對此也比較感興趣。從發展趨勢上看，王經理在公司的影響力很可能將要超過劉經理。於是，業務部就分成了兩派人馬，而且相互之間暗暗較勁。

王經理推出的新產品被認為前景看好，劉經理不得不也表示公司要全力向市場推廣這種產品。但是，他私下卻要求親信們以推銷原有產品為主。同事老楊也表示自己將繼續推銷原有品牌。

為了超過老楊，心高氣盛的小劉主動請纓，要求自己主要負責推廣新產品。劉經理於是把推廣新產品的重任交給了他。結果，小劉大展口舌技巧，把不確定的市場前景說得天花亂墜，誘使客戶們紛紛訂購該產品。小劉的出色表現終於使他成為公司業績榜上的第一名。

但是過了一段時間，該產品滯銷，客戶們紛紛要求退貨。客戶們認為，當初小劉把產品的市場前景說得那樣好，產品的品質說得那樣優秀，結果在市場上的銷售成績卻十分悲慘，認為是小劉有意欺騙他們。於是，這些客戶都紛紛轉向了其他公司訂貨。

這時，小劉一下子從銷售業績第一滑到最後，而且還導致整個公司的聲譽大受影響，銷售量大幅下降。小劉不瞭解劉經理的意圖，主動出面「力挺」王經理，也被劉經理視為一種「背叛」。此後，小劉便在公司內不再像原來一樣，受到器重了！

善於表現自己的優點和優勢，自己的價值才能充分實現。但是，表現自己的優點和優勢並不是不顧一切實際情況，盲目地逞能逞強。否則，不僅無法讓別人看到你的優點和優勢，還會讓人認為你不自量力，進而對你的能力和優勢產生懷疑，更為不利的是，還可能有人對你的挫敗隔岸觀火，甚至是落井下石。這對一個人來說是身心受到雙重打擊。

小劉向老楊看齊，渴望像老楊一樣取得那樣的成績，是非常值得肯定的。但是，不顧劉經理並不看好新產品和並不真心支援推廣新產品的實際情況，他不顧兩位經理在新產品推廣方面暗暗較勁，盲目地逞能逞強，主動去要求推廣新產品，結果推銷產品失敗，導致產品滯銷，客戶流失，得罪了經理也讓自己失寵，是值得我們思考借鑑的。

積極找機會表現自己的優點和優勢是必要的，但不顧實際情況的表現自己，則往往容易受到挫敗。而且，這種挫敗容易讓人陷入困境中。因為一方面自己盲目出頭逞能逞強，容易引起一部分人的嫉恨心理，在你挫敗時，他們幸災樂禍、落井下石；另一方面容易觸犯一部分人的利益，在你受挫時，他們不僅不會同情、援助，還會對你處處設防，阻礙你今後取得成功。因此，要想成功做人，需要避免犯逞能逞強的錯誤，要根據實際情況，抓住機會再表現。

自我成長

要想成功避免犯逞能逞強的錯誤，可以參考幾點建議：

1. 看準時機：在表現自己的優點和優勢時，要想實現自己的目標，就必須要看準時機。在時機不對或者不成熟時去表現自己，不僅實現不了自己的目標，還會讓人感覺到你在賣弄。

2.看自己的實際能力：逞強的目的是向別人推銷自己的優點和優勢。因此，要避免表現不了自己還遭人恥笑的窘境，在決定表現自己前，一定要正確認識和衡量自己的實際能力。能力足夠可以表現自己，能力不足就不能逞強。

3.看周圍的環境：在表現自己的優點、優勢時，看周圍的環境非常重要。有時時機和能力都具備，而周圍的環境條件則不成熟，也不能夠「出頭」逞強。否則，很容易遭小人的羈絆，或者引起人際關係緊張，那麼落井下石的人就可能比較多。

盲目逞能逞強，展示不了自己的能力，還使自己讓人憎恨，將自己陷入困境之中。

48 個性鋒芒畢露會讓人難以接受

聰明是一種財富，但是如果運用不當，表現得不當，聰明也會成為成功的累贅。有一些人因為把自己的聰明表現得鋒芒畢露，結果讓人難以接受，並沒有如願獲得成功。

某公司新進了一批大學生，有四個人被分派進了市場部，志偉是其中之一。經過一個月培訓後，他們正式上班了。

接下來的兩個月裡，志偉工作非常努力，經常放棄和新同事一起娛樂的時間，而是去查資料、作調查。經過一段時間的努力，志偉很快掌握了工作要領，並對公司的經營和發展情況有了自己獨到的見解。

他根據自己對市場的瞭解和判斷，給市場部經理寫了好幾封郵件，提出自己對於部門種種非常中肯的建議，而且他的業績遠遠超過了同批進入公司的其他新同事。這些都讓主管對他另眼相看。很快，他被提前升職了。

志偉獲得了主管讚賞後，便不再像剛進公司時那樣謹慎，而是大擺個性，不僅穿著與公司的要求差距大，而且在工作期間喜歡戴個耳機聽歌，搖頭晃腦的。這一點不僅使得另外三個和他一起進公司的同事非常不高興，也讓一些老員工看不慣。於是，公司的員工開始有意無意地孤立他，不太願意與他多說話。

志偉非常尷尬，不知道問題出在哪裡，也不知道怎麼辦。

他感到非常鬱悶，覺得自己像生活在孤島上一樣，堅持了半年後，便不得不選擇離職了。

在任何地方，鋒芒畢露的人往往會讓人感到不舒服，難以讓人接受，在職場上更是如此。職場中的人際關係非常複雜，同事之間是既競爭又合作的關係。如果不搞好與同事之間的關係，一味地在上司面前爭表現，展露自己的鋒芒，不顧及同事的感受，會讓自己在同事面前成為眾矢之的，不但使自己的晉職加薪無望，而且，還容易導致上司對你有看法，一方面認為你不擅長人際交往，缺乏群眾基礎；另一方面，認為你野心太大，對他遲早是一個威脅而打壓你，對你的晉升之路設置絆腳石。

任何一個組織團體都有自己的文化氛圍。成員要想獲得團體的接納，就需要去適應團體，而不是把團體當成自己擺個性、鋒芒畢露的場所。

木秀於林，風必摧之。一個個性太明顯，鋒芒畢露的職場新人，想不成為「出頭鳥」是不可能的。因為一方面老員工基於自身考慮，或多或少都不願意和這些「後起之秀」太接近，不願意看到後起之秀「威脅」他們。

另一方面，作為同一個起跑線上的新人，如果其中一個太優秀或是出類拔萃，往往容易招致其他人的妒忌，引起他們心理上的不平衡，如果彼此之間不能及時溝通，雙方之間的距離很可能會越來越大。而大部分境遇差不多的新人卻會越走越近，在較長一段時間裡「抱」成一團，而孤立這個「小團體」以外的「能人」。

因此，做人不宜鋒芒畢露，應該先處理好人際關係，把各方面的關係都理順了，再適時適當地展示自己的實力，才能既要讓大家認可，又讓大家不致於感到難堪。一味地鋒芒畢露，就容易會讓自己四處碰壁，一路坎坷。

自我成長

一個人要想有所作為，既要「木秀於林」，又要防止「風必摧之」，即既要做到不被同伴們孤立、排擠，又要能夠充分發揮自己的潛能，超越同伴，引起上司的注意，獲得上司的認可。要做到這些，需要注意以下幾點：

1. 加入一個群體前，要以搞好人際關係為第一要務：在任何組織，先加入者都會對後加入者有一種本能性的提防，容易「審視」後加入者。在他們眼裡，不符合他們標準的就是異類。因此，後加入者要搞好與他們的關係，讓他們逐漸接納自己，消除對自己本能提防的心理。

2. 要儘快融入團體文化中：在加入一個團體後，加入者儘快融入了其文化中，就能夠更多地瞭解團體的情況，明白自己的行為在團體內是否是異類。這樣，可以有意識地加以收斂一些和團體文化不符的個性。

3.要分清團體生活和各人私生活的區別：不同的場合對自己的要求是不一樣的。在團體裡，自己的行為將要受到團體的約束，所以必須要努力向團體靠齊，要適當收斂自己的個性，而個人私生活則以舒適為目的，可以適當隨便一點，可以盡情釋放自己的個性。

4.要充分瞭解自己個性是否受人喜歡：對做人來說，個性是一把雙刃劍，受人喜歡則能夠增強自己的獨特魅力，不受人喜歡則容易招來麻煩。尤其是在組織團體裡，一個人要想獲得成功，充分瞭解自己的個性是非常必要的。

強出頭的椽子先爛，鋒芒畢露沒有好處。

49 別為失敗找藉口

不少人認為，承擔失敗的責任是一件不怎麼光彩的事情。因此，遇到了不利或者遭受到失敗時，他們往往會為自己的失敗找藉口，而不從自身尋找失敗原因，不知不覺離成功越來越遠。

曉平在一家公司做了兩年業務員，業績怎麼也排不到前列，而一直處在中下游。但是與他一起進公司的其他幾個員工，有的晉職，有的成為「業務高手」，工作業績都遙遙領先於他。

為什麼曉平如此沒有一點長進呢？原來他有個壞毛病，就是愛找藉口。上週二時，經理派曉平去向客戶催款。這已經是他第三次向客戶催款了。但是，他還是沒有把款項請回來。

經理對這件事情非常不滿，問他為什麼還沒有把款項催回來。

曉平說：「現在的帳不好要，而且某某公司愛拖帳，這些你是知道的。我已經很努力催了，但還是沒有什麼解決辦法……」

經理說：「雖然這些是事實。但是你都催款三次了，總該有一點效果，也該為公司回收一點款項吧？」

「王經理你要將心比心啊，這帳款難收，是誰都知道的事情。我們公司不是還有其他人去催過款嗎？以前不也是沒收到錢，又不是我一個人沒有催回款，再說那公司確實暫時沒錢……當初就不該做它們那筆業務的……」

「好了。理由都跑到你那裡去了！每次你總有那麼多理由，有那麼多藉口。你還是想想自己辦的事情吧！你看小劉，才剛來公司兩個月，只出差兩次就收回了五十萬……」

「那是他催款的那家公司爽快，本來就有錢……」

「不要再找藉口了。還是在工作上多找一些自身原因吧！」經理打斷了他的話說，「你先回到你辦公桌前好好總結一下以前的工作，尋找一下催不回款的真正原因。下次不要再出現類似的事情！」

曉平看著經理一臉不耐煩的表情，也不好說什麼，只好回到自己的辦公桌前總結報告去了。

承擔失敗的責任當然比不上成功的果實讓人開心。因此，有些人就不自覺地拼命的躲避失敗的責任，唯恐別人的失敗也會和自己扯上一點關係。久而久之，他們就養成了尋找藉口的習慣。

在遇到不利或者失敗需要有人承擔責任時，他們就一股腦兒地拼命找藉口，從別人身上找原因，好像他做事失敗是天意，都是別人的失誤引起的，對於這次失敗來說，他是無辜的；而別人成功後，他們也會找理由，說這次成功多虧了他「指導有方」，多虧他提供方法，多虧了他通力合作，千方百計地「把成功的光環騙到自己頭上」。他們這樣善於尋找藉口，從表面上看，似乎從來沒有失敗過，從來都是成功的，而實際上他們早就遠離了真正的成功，僅剩下自我安慰的藉口而已。

人一生不可能總是一帆風順。失敗了，要勇於承認失敗的責任，並從中尋找成功的因素，然後繼續努力；在別人成功時，勇於接受現實，學習別人的優點，然後在分享別人喜悅的同時，自己努力去爭取真正屬於自己的成功，而不能去「盜取」別人的成功，把別人成功的光環生硬地扯到自己頭上。只有這樣，一個人才可能真正成功做人。因為遇事尋找藉口，即花費了時間和精力，又無法使自己獲得真正成功，是徒勞無益的。而你在做這些徒勞無益的事情時，你的競爭對手就超越了你一步，你又遠離了成功一步。

因此，在某種意義上講，遇事找藉口往往會導致離成功越來越遠。無論是遇到自己失敗找藉口推卸責任，還是遇到了別人成功找藉口分享成果，都是如此。

自我成長

一個人要避免養成遇事找藉口的習慣，需要注意以下幾點：

1. 正確認識成功和失敗：無論是他人的成功，還是自己的失敗，都是客觀存在的，並不因為你善於找藉口，把別人的成功與你沾上關係，你就獲得了成功；也並不因為你把自己失敗的責任推給了別人，就是別人失敗而不是你的失敗。而且，對於一個有心人來說，他人的成功和自己的失敗，都是一筆寶貴的財富，都是自己將來成功的有益借鑑。

2.培養自己的責任意識：做人需要做到自己對自己做的事情負責，因為責任和功勞往往是成正比的。

藉口是導向失敗的禍根。因為藉口往往導致人不願意正視自己的失敗，不願意正視他人的成功。

50 情商高才能獲得成功

一個成功的人，應該是一個善於控制自己情緒的人。然而，一些人放縱了自己的情緒，結果不知不覺地把人際關係搞僵了。

在上班時，小美的腳被別人踩了，與別人大吵了一架。到公司後，她的心情非常不好。她獨自坐在辦公桌前生悶氣，恨不得又一次找到那個踩她腳的人，猛打對方幾個耳光。

過了一會兒，一家公司打電話來催款，要求今天把欠他們的款匯過去。在公司，小美負責財務，催款當然找她。她雖然心情不好，但還是勉強接了對方的電話，並承諾把對方催款的事情向老總報告了一下，儘量把款及時匯過去。

可是，老總說最近資金有點緊，要小美打電話給對方商量一下，延遲一個星期付款。小美打電話給對方時，對方不答應，堅決要求今天就把款匯過去，否則就要暫停出貨。

阿美覺得自己特別倒楣，早上上班時，腳被別人踩了，新鞋上留下了「一個紀念」，而且還與那個人吵了一架；現在，對方催款，而老總又要她請對方通融一下，延緩付款一個星期。

她氣得把手中的筆丟到了桌上，然後趴在桌子上。這時，出納小芳一邊唱歌，一邊走進了辦公室。

小美平時就有些看不慣小芳，現在自己傷心痛苦時，小芳居然開懷唱歌。想到這裡，小美把所有的怨氣都發洩到了小芳身上。小芳無緣無故地被臭罵，當然不服氣。於是，兩個人吵了起來。

後來，會計劉阿姨來了，勸了她們好半天，她們才勉強休戰。

不久，小美無故對小芳發火的消息就傳遍了整個公司。公司其他的同事便把小美當作「地雷」，小心翼翼地避免與她打交道。時間長了以後，小美與同事們的關係不知不覺也變僵了。

在現代社會，情商已經成為影響一個人能否成功的重要因素。情商高的人往往容易獲得成功，因為他們能夠控制自己的情緒，能夠更好的與他人相處，以便借助人脈獲得成功。而情商低的人則容易放縱自己的情緒，導致因自己一時宣洩情緒而陷入了人際關係困境中，進而難以獲得成功。

小美上班時腳被踩了，導致新鞋被「蹂躪」，而到了公司後又遇到了「兩難的難題」，情緒不好是可以理解的。但是，她的情緒好不好與小芳無關，她對小芳發洩自己的不良情緒，是對小芳的侵犯。這樣，她理所當然會受到小芳反擊。結果，她想發洩情緒的目的沒有達到，反而搞僵了與其他同事的關係，讓自己陷入了人際關係危機中。

平常我們不應該成為情緒的奴隸，而是要能夠控制和調節情緒。一些成功的人在感到情緒沮喪、氣餒或絕望時，往往是不去計較它，不繼續糾纏於所犯的錯誤和令人不快的往昔，而是一個人靜靜地思索、頓悟，驅散縈繞在頭腦裡的憂鬱陰雲。

結果，他們雖然受到了不良情緒的困擾，但是情緒很快被控制，被調解過來了，沒有讓情緒對他們造成重大的危害和損失。

因此，要想成功做人，就要避免類似小美犯的錯誤，要學會控制和調解自己的情緒，而不是放縱自己的情緒。

自我成長

要想避免養成因小事發脾氣的習慣，需要注意以下幾點：

1. 做自己情緒的主人：每一個人的情緒都有好的時候，也有壞的時候。要想成功做人，就需要充分利用好的情緒，控制不好的情緒，不讓壞的情緒放任自流。因為壞的情緒往往容易幫你傳遞負面的資訊。

2. 不斷提高自己的情商：鍛鍊自己控制情緒和調解情緒的能力。情商不是天生的，是可以透過後天鍛鍊逐漸提升的。

3. 轉移注意力：轉移注意力，是撫平煩躁、根治不安情緒的一劑良藥。當你覺得不良情緒湧上心頭時，不妨將精力轉移到那些與這種情緒完全相反的方面上，並樹立快樂、自信、感激和善待他人的理念。這樣，你就會驚奇地發現那些不良情緒，轉眼之間便無影無蹤了。

4.適時找合適的地方發洩不良情緒：情緒有如流水，越堵爆發後越難以控制。因此，在自己有不良情緒時，可以找個合適的地方，合適的地點，採用合適的方式去發洩。

不良情緒是困擾我們的心靈烏雲，讓他們放任自流，會導致我們的生活中充滿了陰暗。

51 表現自我，要看場合

現在是個表現自我的時代，很多人因表現自我而引人注目。但也有人因為不分場合過分張揚自我，不知不覺地為自己招來了禍害。

銷售人員李曉華是一個非常喜歡表現自己的女孩。憑著活力和青春，她很快成為公司「無人不知，無人不曉」的風雲人物。此外，她的工作能力也不錯。因此，也很快就被提升為銷售助理，協助銷售部汪經理做一些日常工作。

汪經理是一個年近三十歲的女人，性格比較內向，年資也比較深。她能夠當上銷售經理，完全是她腳踏實地苦幹的結果。為了提高工作效率，她故意將青春外向的李曉華提升為自己的助理。

有一天，曉華陪汪經理一起出差到外地去見一個客戶。能夠和經理一起外出見客戶，是每一個銷售新人求之不得的事情。於是，曉華就穿得特別引人注目，打扮的花枝招展。但出人意料的是，汪經理那天卻穿得很樸素。

在下車時，由於對方接應的是新人，不認識汪經理，便首先伸手與曉華握手。曉華第一次受人如此重視，一時興奮過頭，忘記了汪經理就在自己身邊，便也很熱情的與對方握手。結果，握手半天後，曉華才記起了向對方介紹站在旁邊、臉上頗有不悅的經理。

一時間，氣氛變得非常尷尬。但是，汪經理卻表現的像什麼都沒有發生一樣，還是很鎮定地與對方談成了這一筆生意。

回到公司後，汪經理也沒有提這件事。只是以後在分配工作時，總不安排曉華出差接觸客戶，讓她變成了「純粹的內勤」人員。面對這種狀況，曉華覺得自己在公司待下去沒什麼意思，便不得不主動辭職了。

現今社會，適度表現自我也未嘗不可。因為這樣可以增強自己獨特的魅力。但是，表現自我是要看場合的，盲目的張揚自我往往容易無意間得罪人，導致自己在成功的道路上會遇到更多的障礙，甚至根本不可能獲得成功。因為每一個人都想別人看到自己的能力，盲目的張揚自我容易掩蓋他人的光輝，搶了他人的風頭，導致他人內心嫉恨。

身為銷售人員，李曉華多表現自己也是可以理解的。而且，在她剛進公司時，張揚的個性給她帶來了成功的便利，使她迅速在同事中脫穎而出，升任為助理。但遺憾的是，她忽視了表現自我要看場合，不能夠盲目張揚，以致搶了經理的風頭，掩蓋了經理的光輝，讓人意識到了「威脅」，而使經理不知不覺地提防她，不再給她表現的機會。真所謂「成也表現，敗也表現」。

因此，人需要適時張揚自我，推銷自我，但也要避免犯下盲目張揚自我的錯誤，否則表現自我將無法引導你走向成功。

自我成長

一個人要有效利用表現來促進成功，需要注意以下幾點：

1.在表現自我時，要看場合：雖然現在社會比較開放，人們對一些行為並不反感，但並不是在任何場合都適合推銷自己的。在一些比較嚴肅的、正規的場合上，如果不注意，盲目地去張揚自我，就非常容易引起他人反感，進而讓人認為你很輕浮。

2.在張揚自我時，要看對象：只要稍加留心就會發現，並非每一個人都欣賞張揚的性格。因此，不看對象表現自我，肯定容易遭受到別人的厭惡。一般而言，一些思想觀念比較保守的人不太喜歡張揚性格的人，與主管一起出現在公眾場合時，主管幾乎都不喜歡屬下張揚自我。在做人時，遇到不適合自己張揚的對象時，需要有意識地收斂一點。

3.表現自我時，要看職業：有些職業需要外向性格的人，因為外向的人更容易做好這件事；而有些職業需要內斂的人，因為內向的人容易讓人看起來專業獲得信任，也更容易靜下心來把事情做好。

因此，在自我表現時，一定要看看是否符合自己的職業身分。一般而言，像銷售人員、公關人員等職業，適當表現有助於成功，而醫生、律師、教師等職業，則內斂一點較容易獲得他人的信任和尊重。

不分場合張揚自我，容易搶別人的風頭，掩蓋別人的光輝，讓人感受到了你的威脅，促使他們給你設置羈絆，阻礙你獲得成功。

52 忽視老闆身邊的人，容易被老闆忽視

在老闆身邊的一些人，雖然不一定有權利和官職，但是他們能夠影響老闆的思維方式。一些人因為忽視了與老闆身邊的人搞好關係，結果被老闆所忽視，導致晉職加薪與他無緣。

小林的工作能力非常強，看問題很有自己的獨到見解。在別人看來，他應該很有發展前途的。但是，小林有點自命清高，看不起老闆身邊那些沒有多大本事的

人。尤其是看不起總裁的祕書。他覺得總裁祕書沒什麼真本領，只是仗著老闆的威勢在別人面前耀武揚威。

有一次，小林和祕書為一件小事吵了一架。兩個人從此在心理上開始處於互相敵視的狀態。小林是一個善於思考而且非常有抱負的年輕人。對於公司的發展，他有自己的想法，而且經過周密論證，他覺得自己的想法切實可行。於是，他就公司的長遠發展寫了一篇書面報告，交了上去。但是，報告交上去以後如石沉大海，很久沒有回音。

不過，他對自己的設想非常有信心，於是就親自去找總裁，想和他當面報告，談談自己的想法。但是，他每次到總裁辦公室去時，祕書都會將他攔下，說總裁現在正忙，已經吩咐過了，任何人都不能打擾他……

小林在與祕書關係鬧翻之前，總裁對他是很欣賞的，對他的意見和建議都十分重視，還親口說他以後肯定會有很大的發展前途。但是，自從與祕書鬧翻後，他就感覺總裁與自己也有些疏遠了。

果然，小林在公司工作了兩年後，他的同事加薪的加薪，晉職的晉職，而他依然原地踏步。

自我成長

在職場上，要想獲得成功就要避免犯下忽視老闆身邊人的錯誤。對此，專家提出了以下建議：

1. 搞好與老闆親屬的關係：要搞好關係不僅僅是與當事者本人，還要搞好與其親屬的關係。畢竟在與當事者拉關係時，當事者容易懷疑你的目的和用心，戒備心理比較強，而走「親屬路線」，搞好與老闆親屬的關係，老闆容易認為你真的對他們好，所以效果往往要明顯得多。

2. 搞好與老闆親信的關係：領導人的親信無論能力如何，無論你是否看得起，他們都是老闆最信任的人。俗話說，打狗也要看主人。

忽視老闆的親信就是忽視老闆，看不起老闆的親信就是蔑視老闆看人的眼光。因此，要想獲得賞識，以便自己有更多成功的機會，就需要搞好與老闆親信的關係，即使關係不好，也不能夠明顯地去得罪他們。

3. 搞好與老闆祕書、司機的關係：在老闆的日常生活中，祕書和司機是接觸最多的人。雖然祕書和司機在老闆面前說話並沒有多大的份量，但是他們說的話對老闆有著無形的影響力量。而且，有些老闆比較相信背後的消息。因此，一旦祕書或者司機經常在「無意間」暴露你的負面新聞，老闆就會真的認為你是他們所說的那樣。

不知不覺地忽視和得罪老闆身邊的人，就往往容易促使這些人傳播自己的負面消息，進而讓老闆對自己形成負面的看法，影響到自己成功的機會。

53 別貶低他人抬高自己

有些人不努力提高自己的能力，而是喋喋不休地貶低他人，以顯示自己「崇高的思想」、「卓越的才能」、「非凡的業績」。結果，他們想自己被人看得起，卻偏偏被人看不起。

在某公司，愛琳是祕書室裡面最有實力的祕書，深受前任祕書室主任的器重。在與其他部門的接觸中，愛琳發覺：只有市場部助理阿美的文筆能夠與自己媲美，

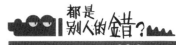

自己將來要想升任祕書室主任，阿美對自己肯定是一個嚴重的威脅。

於是，為了爭奪辦公室祕書主任的位置，愛琳自恃在公司的資歷長，經常在背後傳播阿美的負面消息。

有一次，阿美在與愛琳的一次接觸中，出了一點小差錯。作為同事的愛琳居然當眾對阿美大動肝火，說她「連填一份表格都會出錯，簡直就是廢物」。阿美心理儘管非常生氣，但她表現得很有涵養，畢竟自己做錯了事情在先，所以並沒有與愛琳發生正面衝突。

不僅如此，愛琳還不時炫耀自己的文筆有多好，吹噓自己曾經在某某雜誌上發表了什麼文章，在某某著名報紙上刊登了什麼文章，曾經獲得過什麼文學獎的，總之，她總把自己最光鮮的東西展示給別人看。

同事們看到愛琳老是喜歡「貶低別人，抬高自己」，都覺得她太張揚跋扈。在工作中，阿美出了差錯，即使要批評，也輪不到由她來評論，更何況還是在同事面前大聲喧嚷。為此，市場部經理還與原來的祕書室主任交涉過，認為愛琳的行為越權，要求給予處分。主任批評愛琳後，愛琳就更加忌恨阿美及市場部經理。

一年後，祕書室的主任調走了，但愛琳並沒有如願當上祕書室主任，而且新上任的祕書室主任竟然是自己的死對頭阿美。為此，愛琳一氣之下就辭職了。

有些人為了突出自己，為了抬高自己，往往去貶低別人。雖然在事實上真的比他們強，但是他們卻透過貶損別人，說別人怎麼差，進而在心理上獲得一種阿Q式的平衡。他們自我感覺良好，然後又透過向別人傳輸這種感覺，讓一些不明真相的人認為他們「真的很了不起」。

他們經常抱怨世態炎涼，責怪同事寡情。一有機會，就會喋喋不休地貶損他人，以顯示自己「崇高的思想」、「卓越的才能」、「非凡的業績」，雖然大家並不買他的帳，覺得他過分，但他還是依然我行我素。結果，他們成了整天發牢騷的孤家寡人，做人非常失敗。

自我成長

要避免犯下「貶低他人，抬高自己」的錯誤，可以從以下幾點入手：

1.尊重自己的對手：有人說，對手是上帝賜給我們最好的禮物。一個人因為有對手存在，才迫使他不得不努力奮鬥，不得不儘量想辦法克服自己的不足，發揮自己的優勢。而且，在與對手競爭時，尊重對手，虛心學習對手的優勢，還可以提升自己的能力，進而戰勝對手。

2.欣賞自己的對手：競爭不是你死我活，而是透過競爭分曉勝負。既然能夠成為對手，雙方就應該都具有相當的實力和值得對方學習的地方。欣賞對手就容易承認和學到對手的優點，因而戰勝對手。而且，即使是在戰勝對手後，欣賞對手也是非常必要的。因為一個人能夠欣賞敗在自己手下的對手，不僅從技能上讓對方服氣，還能從人格上讓對手心服。

3.想辦法展現自己的優點：很多人貶低他人，抬高自己，無非就是想爭取到更多人的認可和矚目。其實，採取這種方式是愚蠢的。貶低別人抬高自己，彰顯不了自己的優勢，還讓自己的人格遭人詬病，是得不償失的。如其這樣，還不如找出自己的優點，展現出來，讓別人透過「貨比貨」來真正認同和關注你。

> 貶低他人，抬高自己，是喪失人格爭取別人認可的一種方法。人格都那麼低俗了，別人還會多認同你呢？

54 任意指責他人，招致他人指責

人和人之間和諧相處在於相互尊重，在於相互理解，在於相互寬容。有些人往往因為太在意自己的看法而看不慣對方、指責他人。結果，一個人任意指責別人，最終也避免不了任意人指責他，尤其是同事之間如此。

家建的工作能力強，是公司裡面的「戰略性工蜂」，也深受主管的器重和肯定。但是，最近他在公司的人際關係卻不是很好，因為同事們對他隨意指責他人的行為非常反感，不是當場頂嘴，就是反過來指責他，甚至還有人到主管那裡「告狀」。導致這個狀況就是他特別愛指責別人，總覺得別人工作能力差，這樣做不好，那樣做也不行。

俐莉是經理辦公室裡面的祕書，負責公司的日常雜務。一天，家建需要急需列印一份檔案，就推開辦公室的門，說：「俐莉，幫我影印幾份文件！快點！」俐莉正在忙著給經理整理一份資料，看了他一眼，就繼續忙自己手上的事情了。

過了一會兒，家建過來問俐莉：「俐莉，我要的東西好了沒有？」

俐莉看都沒看他一眼，說：「沒有。我正在忙呢？」

這時，家建的火氣一下子來了，說：「不就是一份資料嗎？三歲小孩在一分鐘內就能夠完成的事情，妳到現在還沒有弄出來。就這麼一點辦事能力，還好意思出來混啊！」

俐莉一聽，放下了手中的事情，說：「這種辦事能力怎麼樣？你以為你是誰啊，憑什麼命令我？我沒有弄出來就是不想弄……」

「妳這是什麼態度？這種低能力，惡劣態度的人，還能當祕書。我真不明白，當時是哪個人發了神經做出這樣的安排……」

「什麼事情啊？家建！」正當他們在爭吵著時，經理剛好出差回來。家建便把自己的事情說了一遍。經理便批評了他們兩句，要俐莉停下手中的工作，先把家建需要的資料印出來，然後打發他走了。

經理聽了俐莉的述說後，加上剛才聽到家建指責他安排人事的事情，也覺得家建過分，便不再像以前一樣事事都寵著他。

一些同事看出了經理態度的變化，在開會時，經常有人當場指出家建趾高氣揚，在公司內部製造不團結。這樣，家建由以前渴望開會，以獲得表揚和張揚自我的機會，到開始害怕開會，以逃避別人指責他了。

在生活上，誰都不願意他人指責自己，尤其是根本就沒有資格和權利的人指責自己時，內心更是難以接受。因此，許多人都會儘量避免指責他人，有些人雖然身為主管，但在下屬發生一些錯誤時，態度也是非常委婉，也不會去指責下屬。但是，有一些人卻自命不凡，看不慣這個，瞧不起那個，在遇到自己不滿意的事情時，動輒就指責他人，以顯示自己高明，以顯示自己與眾不同。

其實，隨意指責他人是非常愚蠢的行為，是無法做好人際關係的。因為你隨意指責別人會引起別人的反抗——為了尊嚴而抗爭。退一步講，即使你指責別人的理由是理直氣壯的，也容易讓人難以接受，讓對方在內心裡仇視你，尋找機會向你「報仇」以抒發一些內心長期壓抑的怨氣。到了此時，自己除了當初的一時之快外，得不到任何好處。

與人相處時，會遇到職位比自己低，能力比自己差的人是正常的。但是，這不是自己能夠去指責他人的理由。經常指責別人，會影響人際關係，會給自己樹立很多仇敵，而使自己成為眾矢之的，導致做人失敗。

自我成長

要想避免自己養成隨意指責他人的習慣，需要注意以下幾個問題：

1. 對他人要寬容：指責他人往往是在他人做事做得自己不滿意的情況下發生的。正因為他人做事令自己不滿意，而且自己從內心看不起他人的能力和水平，便會居高臨下的指責他人。其實，每個人不可能每件事情都做得令人滿意，何不對他人寬容一點呢？心寬一些，就不會發生傷和氣的事情了。

2. 平等對待每一個人：能力強的對待能力差的，要做到平等待人，在對方做得

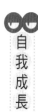

令自己不滿意時，也不會動輒去指責。

3.正確認識他人的優點和不足：喜歡指責他人的人往往有一個特點，就是喜歡誇大別人的不足，拿自己的優點去與別人的不足比較，以致產生一種高高在上的感覺。能夠你能正確認識他人的優點和不足，就不會衝動地去指責別人了。

隨意指責他人解決不了問題，而且還會讓對方產生敵意和仇恨。

55 喜歡落井下石，對自己沒好處

很多人在他人倒楣時痛打落水狗，結果這種行為一旦被別人看在眼裡，不僅曾被你痛打落水狗的人翻身後不會給你「靠」，那些想給你「靠」的人也不敢給你「靠」。

徐遠是一個喜歡公開發表意見的人。而且，他平時在工作中有一點壓抑，看到同事出了什麼麻煩，總喜歡落井下石，來顯示自己比別人要高明。

一天，主管經理召集品管部全體人員開會，分析頭一天客戶退貨的原因。那批貨出廠前是小王檢驗的，事實上就是開小王的「批鬥大會」。

主管經理說：「這次事故的責任已經查清。生產人員看錯了圖紙，我們部門的小王最後把關不嚴，才造成了這次事故。」接著，他要大家就這次事件發表意見：原因出在哪裡，該怎樣彌補。

在這樣的會上，按理說大家只是要吸取經驗教訓的，而不是要針對某個人窮追猛打的。但是，徐遠卻覺得顯示自我的機會到了。他第一個站起來，不假思索地說：「我認為，如果小王嚴格把關，就不會出現這樣的事情。這件事小王應負一定的責任。身為品管人員，他缺乏高度的責任心……」

由於徐遠與小王同在品管部工作，徐遠說著說著就把小王以前的一些錯誤一起夾帶進來進行了一番批評，說小王在工作中固執己見，多次不聽他提出的有益意見。

小王本來就很懊惱，加上徐遠這樣落井下石，就更加不自在，他用充滿敵意的眼光瞪著徐遠。同事們也覺得徐遠的話過多，既不分場合，也不顧別人心裡是否好受。再說，小王也不是有意的，作為同事這樣落井下石合適嗎？

一年後，小王因工做出色升任主管經理，成為徐遠的上司，對他的工作總是吹毛求疵，不斷地找理由扣工資。此時，徐遠才感到自己在公司受到了排擠，想做好與主管的關係已經不可能，只好辭職離開了。

每個人都有失誤時，都有倒楣時，同樣也有輝煌時。因此，不能因他失誤、倒楣，就趁勢踩壓他、落井下石，欲致他於永無翻身的境地。「三十年河東，三十年河西」，一時的失誤、倒楣並不意味著他從此無法翻身。在他落魄時落井下石，牆倒眾人推，只會在對方心裡播下憎恨的種子，讓對方感覺到人情冷涼，當他一旦翻身後，就會更加猛烈地報復對他落井下石的人。

一般而言，一個人無論多堅強，在落魄之時，最需要的和最感恩的是理解和幫助他的人，記憶最深刻的和最仇恨的則是對他落井下石的人。

遇到他人落魄，若與他沒有陳怨舊恨，即使不幫助他，也應理解他，落井下石對自己沒有任何好處；退一步說，與他有陳怨舊恨，沒幫助、不理解他就足夠了，沒有必要再對他落井下石，因為這樣不僅瞭解不了舊仇，還會增添新恨，對自己的未來沒有任何好處。

人具有求生存的本能。求生存除了靠一己之力外，也要靠他人的提攜及團體的庇蔭。因此，人總是向力量強大的一方靠攏。面對一個落魄的人，本能地與之劃清界限，是本性使然。但是，面對這些人時，也要理智地想一想，當你成為落水狗時，你在同仁眼中已失去了價值，而別人為了和你劃清界線並向占上風一方示好及表態，也要打你一棒，也許他無意傷害你，但常常在非理性的狀態下才會這麼做的。而這一切，除了給自己播下讓他人仇恨的種子，沒有其他。如此對落魄的人落井下石，還不如理智一點，少給自己播下仇恨的種子，說不定對方翻身後，自己會多一個可以依靠的朋友。

落水狗可以打死，牆可以推倒，人卻還要相處。只要他有本事，一樣可以再站起來，這時，曾經打過他的你將如何與其相處？冤家路窄，這會成為你人際關係的負債。因此，做人沒有必要牆倒眾人推時去湊熱鬧推一把，沒有必要去落井下石。

自我成長

要想避免不知不覺發生「痛打落水狗」「落井下石」的錯誤，以致自己播下了仇恨的種子，需要注意以下幾個方面：

1. 遇到落魄的人，認為給予他同情和理解可能會給自己帶來利益時，要鼓起勇氣去幫助他，無論是物質上，還是精神上，都要給予全力幫助。因為他翻身之時，就是你收穫之日。

2.遇到落魄的人，認為給予他同情和理解會不能明顯影響到自己的利益時，要盡可能給予同情和理解，最起碼要在精神上給予理解和支持。因為這樣做的話，如果對方是你的死對頭，則可能藉機化解仇恨，至少不添新仇；對方是你的朋友，則可以鞏固友情；對方是萍水相逢的人，則可以將你變成他的恩人，為自己以後的發展留一條後路。

3.遇到落魄的人，認為給予他同情和理解會影響到自己的利益時，也不能去痛打落水狗，牆倒眾人推，而應該保持局外人身分，明哲保身。

痛打落水狗是一種愚蠢的做法。因為只要牠能上岸，牠就會比平時更兇猛，把你當作報復的第一對象。

56 不提防小人，隨時會中箭

在生活中，一些人忘記了小人難以對付的教訓，不知不覺地招惹上了小人，導致最後遭到了小人的陷害，讓自己陷入痛苦中。

力達與玉玲在同一家公司工作。兩人是同一所大學畢業的，玉玲比力達高一屆，是師姐，兩人關係很好，他們經常在一起跑業務。由於力達在工作中表現出色，一年後當上了客戶部的經理助理，成為公司裡升職最快的新人。

但是，力達的升遷卻不知不覺中「招惹」了玉玲。

一天，力達和玉玲共同籌辦一個日本客戶的新品發表會。力達事前對客戶提供的新品資料做了詳盡分析，他提出的方案最後得到客戶的讚賞並被採納。對此，玉玲感到有些尷尬與不悅，認為自己提出的方案才是最為優秀的，是力達搶了自己的客戶。力達安慰自己說：「公平競爭，各憑本事，玉玲應該能夠理解的」，並沒有意識到玉玲會變成一個小人。

那天晚上，力達和客戶就計劃書的細節問題談了很久。因時間緊迫，客戶要求力達連夜隨他們去飯店佈置會場。就在慌忙之際，力達發現手機沒電了，便四處找電話通知家人。

玉玲恢復了大姐姐的姿態，主動說：「快去吧，你家裡我來搞定。」並滿臉微笑、關心體貼地讓力達多加件衣服再出去。

但是，玉玲在打電話給力達家人時，卻緊張兮兮地告訴力達的老婆：聽同事說力達晚上跟個日本女客戶進了飯店。

力達的老婆本來就對力達深夜不歸不高興，一聽此話，便去了飯店……

力達與客戶在飯店商談時，老婆氣衝衝地趕來「興師問罪」，使得大家都極為尷尬。最後，客戶認為力達連自己老婆都無法信任他，別人怎麼能夠信任呢，便不再與他繼續談簽單的事情。力達到手的訂單，因為小人略施陰謀便徹底搞砸了。

在生活中，每一個角落都可能存在小人。這種小人是不可能因為自己光明磊落而消失的。而且，小人雖小，但其破壞力極大，幾千年來，在眾多君子與小人的鬥爭中，多半以君子的失敗收場。因此，要處處留心小人，不招惹小人，在小人對你不客氣時，也沒有必要對他們表現出君子的容人之量，讓他們得寸進尺，要想辦法堅決、徹底、全部、乾淨地挫敗他們，讓他們不敢在你的背後興風作浪。否則，小人隨時都可能對你放暗箭。

玉玲是力達工作業績上成長所「不經意」招惹來的小人。她在背後放出的暗箭，不僅讓力達努力的工作功敗垂成，還讓力達大出洋相，在客戶面前顏面掃盡，與家人產生衝突。但是，這些與力達忽視提防小人也有直接聯繫。在玉玲表現出妒嫉的神色後，應該意識到自己已經引起了玉玲的不快，應該想辦法去化解玉玲的不滿情緒，而不是盲目把個人私事委託給她，讓她有放暗箭的機會。

試想，如果力達對玉玲有所提防，會出現這種結局嗎?古人說的「害人之心不可有，防人之心不可無」是非常有道理的。要想避免被小人暗害，吸取力達的教訓，聽取古人的教誨，是非常必要的。

自我成長

學會以下幾種方法，對有效地避免和化解小人的暗算有所幫助，不妨用它，也許能幫你轉危為安。

1.先檢討自己：你應該要想想，自己是不是做了些什麼事、說過哪些話，讓對方看你不順眼。如果不明就理的就去找對方興師問罪，只會讓對方更看你不順眼。

2.問清楚原因：你可以問他，我不知道發生了什麼事，是否可以告訴我是什麼問題。如果對方什麼話也不願意說，乾脆直接了當地跟對方說：我知道你對我似乎有些不滿，我認為我們有必要把話說清楚。

3.委婉地警告：如果對方不肯承認他曾經在別人面前說過不利於你的話，你也不必戳破對方，只要跟對方說：我想可能是我誤會了。不過，如果以後我有任何問題，希望你能直接告訴我。你的目的只是讓對方知道：你絕對不會坐視不管。

4.職場上，遇到的小人實在無法對付時可以向上司報告：當類似的事情第二次發生時，你可以明白地告訴對方：如果我們兩人無法解決問題，就有必要讓上司知道這件事情。

明箭易躲，暗箭難防。不隨時提防小人，就會隨時因小人的暗箭而落馬。

謝謝您購買　都是別人的錯？56個做人最容易犯的錯誤　這本書！

即日起，詳細填寫本卡各欄，對折免貼郵票寄回，我們每月將抽出一百名回函讀者寄出精美禮物，並享有生日當月購書優惠！

想知道更多更即時的消息，歡迎加入"永續圖書粉絲團"

您也可以利用以下傳真或是掃描圖檔寄回本公司信箱，謝謝。

傳真電話：（02）8647-3660　　信箱：yungjiuh@ms45.hinet.net

☺ 姓名：　□男　□女　□單身　□已婚

☺ 生日：　□非會員　□已是會員

☺ E-Mail：　電話：（　）

☺ 地址：

☺ 學歷：□高中及以下　□專科或大學　□研究所以上　□其他

☺ 職業：□學生　□資訊　□製造　□行銷　□服務　□金融

□傳播　□公教　□軍警　□自由　□家管　□其他

☺ 您購買此書的原因：□書名　□作者　□內容　□封面　□其他

☺ 您購買此書地點：　金額：

☺ 建議改進：□內容　□封面　□版面設計　□其他

您的建議：

廣告回信
基隆郵局登記證
基隆廣字第 57 號

新北市汐止區大同路三段一九四號九樓之一

大拓文化事業有限公司收

請沿此虛線對折免貼郵票，以膠帶黏貼後寄回，謝謝！